Michael Heinen-Anders
Die Idee der Kapitalneutralisierung

1. Auflage 2019
Copyright ©2019 Michael Heinen-Anders
Herstellung und Verlag: Books on Demand GmbH, Norderstedt

ISBN **9783752857320**

Michael Heinen-Anders

Die Idee der Kapitalneutralisierung

INHALTSVERZEICHNIS

1. Einleitung und Methode
1.1. Einführung in das Thema[1]

Schon die übliche Unternehmensbilanz mit Aktiva und Passiva weist bei genauer Betrachtung
auf das Abstrakte des geltenden Eigentumsrechts hin.
Der Produktionsmitteleigentümer hat das alleinige Verfügungsrecht (von Sonderfällen
abgesehen) über das (aktivische) Vermögen, besitzt jedoch meist nur eine Minorität am
gesamten (passivischen) Kapital. Mithin ist er in Wahrheit weniger Besitzer, als Schuldner,
nicht nur gegenüber den Fremdkapitalhaltern (Gläubigern), sondern mehr noch gegenüber der
Gesellschaft, die ihm mit ihren materiellen und immateriellen Vorleistungen (z.B. in Form
von Infrastruktur, gut ausgebildeten Mitarbeitern, erschlossenen Gewerbegebieten,
Grundlagenforschung) erst die Voraussetzung der Wertschöpfung des Unternehmens
bereitstellt.[2]
Nicht selten sind Erben der Untergang auch durchaus erfolgreicher Unternehmen, wenn der
Senior (oder Patriarch), denn das Ruder aus der Hand gibt. Nicht wenige erfolgreiche
Familienunternehmen mussten im Zuge des Generationswechsels Insolvenz anmelden.[3]

---

[1] Siehe auch teilweise gleichlautend: Michael Heinen-Anders: Dem Teufel auf der Spur..., BOD, Norderstedt
2012, S. 24 – 26 (Das Eigentumsproblem) und Michael Heinen-Anders: Kapitalneutralisierung als
Dreigliederungsaufgabe – eine interdisziplinäre betriebswirtschaftliche Studie, BOD, Norderstedt 2013, S. 8
(Vorwort).
[2] Vgl. Eugen Löbl: Wirtschaft am Wendepunkt, Köln – Achberg 1975, S. 46ff.
[3] Vgl. W. Kaden: Die nichtsnutzigen Erben. In: DER SPIEGEL, 39. Jahrgang, Nr. 20, S. 90.

„Gesucht werden Nachfolger mit bestimmten Eigenschaften. Gerade weil Mittelbetriebe häufig stark um die Person des Eigentümer-Unternehmers herum organisiert sind, reproduzieren sie laufend die Bestätigung dafür, dass die Person dieses Eigentümer-Unternehmers zentraler Erfolgsfaktor ist."[4] So jedenfalls lautet berechtigterweise die Eigenschaftstheorie der BWL. Doch kann die Kontinuität gerade auch in der Diskontinuität bestehen.[5]

Wenn der Senior – der Patriarch – gegangen ist, dann stellt sich die Frage weiteren Unternehmenserfolgs stets aufs Neue.[6]

Doch auch, wenn die Fortführung des Familienunternehmens gelingt, ist die Erbschaft eines ganzen Unternehmens zumindest moralisch anrüchig, im Vergleich zu den vielen, die nichts erben.[7]

Den Nicht-Erben bleibt angesichts des Warencharakters der Arbeit[8] nur die Möglichkeit in unlauterer Konkurrenz[9] zum Kapitaleigentümer seine Arbeitskraft auf dem sogenannten „freien" Arbeitsmarkt „mit Haut und Haar" zum Verkauf anzubieten. Dies schafft eine gefährliche Asymmetrie zwischen den ökonomisch Vermögenden und der sozialen Schicht der „Habenichtse".[10] Daraus resultiert letztlich unter den Bedingungen der weltweiten Globalisierung auch eine immer weiter um sich greifende Erosion der klassischen „Normalarbeitsverhältnisses"[11] speziell in Deutschland[12], aber auch in vielen weiteren Staaten der EU.[13]

Nicht selten steht die Sozialbindung des Eigentums (Art 14 II GG) bloß auf dem Papier.

---

[4] Ursula Schneider: Das Nachfolgeproblem als Familiendrama. In: Ekkehard Kappler/Stephan Laske (Hg.): Blickwechsel. Zur Dramatik und Dramaturgie von Nachfolgeprozessen im Familienbetrieb, Freiburg i.Br. 1990, S. 74.

[5] Ekkehard Kappler: Geschichten zum Mythos von der Unternehmenskontinuität. In: Derselbe/ Stephan Laske (Hg.): Blickwechsel. Zur Dramatik und Dramaturgie von Nachfolgeprozessen im Familienbetrieb, Freiburg i.Br. 1990, S. 192ff.

[6] „Es stehen breite Vermögensübertragungen zwischen den Generationen an." (Frank Schulz-Nieswandt: Sozialpolitik und Alter, Stuttgart 2006, S. 194).

[7] Vgl. http://www.handelsblatt.com/unternehmen/mittelstand/kongress-der-familienunternehmen-ist-erben-gerecht/12962786.html

[8] "Im Altertum gab es Sklaven. Der ganze Mensch wurde wie eine Ware verkauft. Etwas weniger vom Menschen, aber doch eben ein Teil des Menschenwesens selber wurde in den Wirtschaftsprozeß eingegliedert durch die Leibeigenschaft. Der Kapitalismus ist die Macht geworden, die noch einem Rest des Menschenwesens den Charakter der Ware aufdrückt: der Arbeitskraft." Rudolf Steiner: Die Kernpunkte der sozialen Frage. Mit einem Nachwort von Otto Schily, Dornach 1996, S. 53. Vgl. auch: Heinz-J. Bontrup: Volkswirtschaftslehre – Grundlagen der Mikro- und Makroökonomie, München – Wien 2004, S. 341 ff.

[9] Es ist von einem „unvollständigen Wettbewerb insbesondere auf dem Arbeitsmarkt" (Ulrich Baßeler/Jürgen Heinrich/Burkhard Utecht: Grundlagen und Probleme der Volkswirtschaft, Stuttgart 2010, S. 821) auszugehen.

[10] Ditmar Brock: Soziale Ungleichheiten. Klassen und Schichten. In: Bernhard Schäfers/Wolfgang Zapf (Hg.): Handwörterbuch zur Gesellschaft Deutschlands, Opladen 1998, S. 608 – 622 sowie Volker Hoppe/Gustav Horn/Kim Otto: Das Wirtschaftslexikon, Bonn 2009, S. 293 – 294.

[11] Vgl. Ulrich Beck: Schöne neue Arbeitswelt, Frankfurt a.M. 2007.

[12] „Während 1970 die Relation zwischen vollzeitbeschäftigten Arbeitnehmern einerseits und der Summe der Teil- und Kurzzeitbeschäftigten, der befristet und geringfügig Beschäftigten – also der sog. Atypischen Beschäftigungsverhältnisse – in der Bundesrepublik Deutschland etwa 5:1 betrug, verschob sie sich 1990 auf 4:1 und bis heute auf 2:1. Jeder Dritte arbeitet schon in Teilzeit, befristet, als Leiharbeiter oder in einem Minijob." (Jürgen Kocka: Geschichte des Kapitalismus, München 2013, S. 109).

[13] Vgl. hierzu z.B.: Katharina Osthoff: Erosion des klassischen Normalarbeitsverhältnisses, GRIN, München 2008 sowie Ulrich Beck: Weltrisikogesellschaft, Frankfurt a.M. 2008 („Selbst Anhänger eines freien Weltmarktes äußern immer unverhohlener den Verdacht, nach dem Kollaps des Kommunismus sei nur *ein* Gegner der freien Marktwirtschaft übriggeblieben – die ungezügelte freie Marktwirtschaft, die ihre Verantwortung für Demokratie und Gesellschaft abgestreift hat und ausschließlich nach der Maxime kurzfristiger Gewinnmaximierung handelt." (Ebenda, S. 357)).

Trotz vielfältiger externer Effekte (z.B. Umweltverschmutzung und krankmachende Arbeitsbedingungen)[14] der Unternehmenstätigkeit gilt für das Eigentum an Produktionsmitteln nach wie vor der (unausgesprochene) Grundsatz: Privatisierung der Gewinne und Sozialisierung der Verluste[15] und der sozialen Kosten[16]. Dies gilt insbesondere mit zunehmender Größe der fraglichen Unternehmen.[17]

Auch die Abschottung von Märkten[18] und die Bildung von Monopolen[19] (und auch Oligopolen[20]) bildet ein wesentliches Hindernis für ein zuträgliches wirtschaften im Interesse der gesamten Volkswirtschaft.[21]
Oft werden neue Ideen von alteingesessenen Anbietern ausgebremst, statt gefördert. Denn wesentlich für ein reibungsloses integrieren von wirklichen Innovationen ist die Offenheit von Märkten. Diese wird aber häufig im Zuge der realen Machtverhältnisse an Märkten verhindert[22] bzw. sabotiert[23], denn wirkliche Innovationen stören bekanntlich das „Altbewährte".[24]
Stattdessen geistert das „überzählige" Kapital[25] im heutigen Finanzkapitalismus durch virtuelle Anlageräume mit dem Ziel größtmöglicher Rendite, die sich aber oft nicht erfüllen lässt.[26]
„Das Problem, was mit dem vielen Geld im Eigentum weniger geschehen soll wird ständig größer. Darin liegt die Crux der heutigen Wirtschaftsordnung."[27](Sahra Wagenknecht).

"Soll die Demokratie eines Tages die Kontrolle über den Kapitalismus zurückgewinnen, wird man zuallererst von dem Prinzip ausgehen müssen, dass die konkreten Formen der Demokratie und des Kapitals wieder und wieder neu zu erfinden sind."[28] (Thomas Piketty).

---

[14] Vgl. Günter Wallraff: Ganz unten, Köln 1985 und K. William Kapp: Soziale Kosten der Marktwirtschaft, Frankfurt a. M. 1988 sowie N. Gregory Mankiw/Mark P. Taylor: Grundzüge der Volkswirtschaftslehre, Stuttgart 2008, S. 229.

[15] Z. B. die gesellschaftlichen Kosten von Betriebsstilllegungen. Vgl. auch: Uwe Andersen: Einführung. In: Derselbe (Hg.): Weltwirtschaftskrise – eine Systemkrise?, Schwalbach/Ts. 2012, S. 5 – 6.

[16] „Im Bereich der Einzelwirtschaft bleiben jene Größen außer Ansatz, die als ‚Soziale Kosten' (social costs) bezeichnet werden." (Hans Raffée: Grundprobleme der Betriebswirtschaftslehre, Göttingen 1974, S. 143).

[17] Vgl. Michael Heinen-Anders: Selbsterfüllende und selbstzerstreuende Insolvenzprognosen als Ansätze zur Erklärung krisenverschärfenden Verhaltens – Ein wirtschaftspsychologischer Beitrag zur Finanzkrise -, Köln 2009, S. 23 sowie Sahra Wagenknecht: Freiheit statt Kapitalismus. Über vergessene Ideale, die Eurokrise und unsere Zukunft, Frankfurt a.M. 2012, S. 366f.

[18] Vgl. Urs P. Gasche/Hanspeter Guggenbühl/Werner Vontobel: Das Geschwätz von der freien Marktwirtschaft. Wie Unternehmen den Wettbewerb verfälschen die Natur ausbeuten und die Steuerzahler zur Kasse bitten, Wien 1997, S. 75ff.

[19] Vgl. N. Gregory Mankiw/Mark P. Taylor: Grundzüge der Volkswirtschaftslehre, Stuttgart 2008, S. 349 ff.

[20] Vgl. Karl Georg Zinn: Arbeit, Konsum, Akkumulation, Hamburg 1986, S. 164ff.

[21] Vgl. auch Georg Schreyögg: Unternehmensstrategie, Berlin 1984, S. 11 – 13.

[22] Vgl. Heinz-Dieter Hardes/Gerd-Jan Krol/Fritz Rahmeyer/Alfons Schmid: Volkswirtschaftslehre – problemorientiert, 19. Auflage, Tübingen 1995, S. 90 – 95.

[23] Vgl. Christian Kreiß: Geplanter Verschleiss, Wien – Berlin – München 2014, S. 74 – 81 und Sahra Wagenknecht: Reichtum ohne Gier. Wie wir uns vor dem Kapitalismus retten, Frankfurt a.M. 2016, S. 98 – 99.

[24] Zu Gegenstrategien im Zuge einer „Wertschöpfungspartnerschaft" vgl. Uwe Welteke-Fabricius: Partnerschaftliche Unternehmenskooperation als Erfolgsstrategie in hochkonzentrierten Märkten. In: Burghard Flieger/Bernd Nicolaisen/Rolf Schwendter (Hg.): Gemeinsam mehr erreichen. Kooperation und Vernetzung alternativökonomischer Betriebe und Projekte, Bonn – München 1995, S. 360 – 372.

[25] Ergo: „denn es hat sich die Geldzirkulation (…) verobjektiviert, ist unpersönlich geworden." Rudolf Steiner: Nationalökonomischer Kurs, GA 340, Dornach b. Basel 1979, S. 138.

[26] „Bisweilen gewinnt man fast den Eindruck, die Rente (d.h. Rendite, MHA) sei zum Inbegriff allen ökonomischen Übels geworden." Thomas Piketty: Das Kapital im 21. Jahrhundert, München 2014, S. 563.

[27] Sahra Wagenknecht: Freiheit statt Kapitalismus. Über vergessene Ideale, die Eurokrise und unsere Zukunft, Frankfurt a. M. 2012, S. 165.

[28] Thomas Piketty: Das Kapital im 21. Jahrhundert, München 2014, S. 784.

1.2. Vorläufige Forschungsthesen (=Hypothesen), Problemstellung und Fragestellung
1.2.1. Problemstellung

Wie sich bereits an der zunehmenden Erosion des Normalarbeitsverhältnisses zeigt, wird unsere Arbeitswelt immer mehr von den Folgen der Deregulierung unter der Bezeichnung „AGENDA 2010" erfasst, was Ulrich Beck zu dem Titel „Schöne neue Arbeitswelt"[29] veranlasste.

Gleichzeitig sind die Folgen der weltweiten Globalisierung und der weltweiten Finanzkrise heute für jeden sichtbar.

Es stellt sich die Frage: Gibt es Reformansätze, aus der Gegenwart oder etwa auch aus dem 20. Jahrhundert, die geeignet wären, die hervorstechenden negativen gesellschaftlichen Tendenzen im Bereich der Wirtschaft und Arbeitswelt zumindest teilweise zu korrigieren, ohne gleichzeitig einen totalitären Anspruch, wie unter dem ‚real existierenden Sozialismus' oder auch dem ‚kulturellen und gesellschaftlichen Niedergang unter dem Nationalsozialismus', zu entfalten?

Wie in der Einleitung zum Thema bereits gezeigt, kristallisieren sich viele heutige Probleme der Wirtschaftsordnung am Zugang zu den Produktionsmitteln, also zum Kapital.

Als eine wesentliche Reformidee zur Lösung dieser Probleme und auch der Auflösung des Gegensatzes von Kapital und Arbeit bietet sich die Kapitalneutralisierung an.[30]

Mit der Neutralisierung des Kapitals soll im Grunde das gesellschaftlich vorherrschende Nutzungsmuster des Kapitals entkräftet werden; den individuellen Genusserwartungen des Kapitaleigentümers soll ein Schnippchen geschlagen werden. Die Folge: „Das Kapital gehört sozusagen sich selbst." (Armin Höland).[31] In der Folge wäre eine Spekulation mit den Kapitalwerten, die niemandem gehören, außer sich selbst, sinnlos.[32]

Allerdings gelingt eine solche Reform auch nur dann, wenn eine Idee aus einem Guss dahintersteht. Bislang gibt es dazu einen Top-Down-Ansatz (Ota Sik) und einen Bottom-up-Ansatz (Folkert Wilken).

Es geht in dieser Forschungsarbeit darum eine Verbindung dieser zwei sich unterscheidenden Ideen zur Kapitalneutralisierung[33] zu einem ganzheitlichen Ansatz durchzuführen.

In der Organisationsentwicklung[34] wurde zur Harmonisierung des Top-down- und des Bottom-up-Ansatzes das „Gegenstromverfahren" (Herbert Witzenmann)[35] eingeführt.[36]

---

[29] Vgl. Ulrich Beck: Schöne neue Arbeitswelt, Frankfurt a.M. 2007.

[30] Die Aktualität des Themas beweist eine kürzlich erschienene Broschüre: „Verantwortungseigentum – Eigentum und Führung im 21. Jahrhundert" (Eine Publikation von PURPOSE). Ein Download dieser Broschüre ist möglich unter: http://purpose.ag/wp-content/uploads/2016/02/Purpose_Broschuere_Verantwortungseigentum_Web.pdf . Auch Sahra Wagenknecht diskutiert neuerdings das Modell der Kapitalneutralisierung: Vgl. Sahra Wagenknecht: Reichtum ohne Gier. Wie wir uns vor dem Kapitalismus retten, Frankfurt a.M. 2016, S. 271 – 272.

[31] Armin Höland: Eine Bewegung sucht ihre Form, in: Kritische Justiz, 1/1985, S. 8.

[32] Die Verwaltung des Kapitals soll als ‚befristetes Eigentum' (vgl. Franziskus M. Ott: Befristetes Eigentum als Resultat empirischer Rechtsauffassung, Dissertation, Zürich 1977) denen dienen, welche dazu die Fähigkeiten haben, dieses im Interesse des ganzen sozialen Organismus, ökonomisch fruchtbar einzusetzen (vgl. auch Rudolf Steiner: Die Kernpunkte der sozialen Frage. Mit einem Nachwort von Otto Schily, Dornach b. Basel 1996, S. 106).

[33] Als da wären der Ansatz von Prof. Folkert Wilken und der von Prof. Ota Sik. Vgl. auch Michael Heinen-Anders: Neue Eigentumsformen, In: Jedermensch, Nr. 661 (2011), S. 15.

[34] Vgl. Burkard Sievers (Hg.): Organisationsentwicklung als Problem, Stuttgart 1977.

Dieses gilt es auf gesamtgesellschaftliche Verhältnisse zu übertragen.[37]

Ferner geht es darum, wie derartige Ansätze realisierbar sind.[38]

1.2.2. Fragestellung

Es stellt sich die Frage, ist die Kapitalneutralisierung auch für die Gesamtwirtschaft als Reformansatz durchführbar und hilfreich – und welche Vorbilder gibt es dazu?

1.2.3. Hypothesen

"Kapitalneutralisierte Unternehmen sind weniger insolvenzanfällig, als Unternehmen in ausschließlichem Privatbesitz."[39]

"Kapitalneutralisierte Unternehmen sowie Unternehmen in Selbstverwaltung profitieren stärker von Kooperationen mit gleichartigen Unternehmen, als Normalunternehmen."[40]

"Die Humanressource Mensch kommt hinsichtlich ihres Fähigkeitspotentials und Selbstentfaltungspotentials in kapitalneutralisierten Unternehmen sowie in selbstverwalteten Unternehmen mehr zur Geltung, als in Normalunternehmen."[41]

"Die Kapitalneutralisierung von Unternehmen ist unternehmensrechtlich, wie verfassungsrechtlich zulässig."[42]

1.3. Methodische Herangehensweise

Es soll die qualitative Methode der Rekonstruktion nach Habermas[43], Stegmüller[44] und

[35] Vgl. Herbert Witzenmann: Strukturphänomenologie, Dornach 1983.

[36] Vgl. Götz Rehn: Modelle der Organisationsentwicklung, Dissertation, Bern – Stuttgart 1979.

[37] Als Plan-Markt-Gegensatz findet sich dieser Konflikt bereits in der Kontroverse von Marxismus und Kapitalismus, und die Auflösung dieses Konfliktes im Sozialimpuls der Anthroposophie. Vgl. dazu: Christoph Strawe: Marxismus und Anthroposophie, Habilitationsschrift, Stuttgart 1986 sowie Wilfried Heidt: Der dritte Weg, Achberg 1974.

[38] Vgl. z.B. Folkert Wilken: Die Befreiung der Arbeit, Freiburg i.Br. 1965, S. 46ff sowie Ota Sik: Ein Wirtschaftssystem der Zukunft, Berlin Heidelberg New York Tokio 1985, S. 64ff und schließlich Matthias Neuling: Auf fremden Pfaden. Ein Leitfaden der Rechtsformen für selbstverwaltete Betriebe und Projekte, Berlin 1985.

[39] Vgl. z.B.: Wolfgang Belitz (Hg.): HOPPMANN – Eine unternehmerische Alternative. Mit demokratischer Beteiligung und sozialer Gerechtigkeit zum Wirtschaftlichen Erfolg, Lengerich 2011 sowie Robert Oakeshott: Inspiration & Realitiy. The First Fifty Years of the Scott Bader Commonwealth, Wilby Hall, Norwich 2001.

[40] Vgl. z.B.: Flieger/Nicolaisen/Schwendter (Hg.): Gemeinsam mehr erreichen. Kooperation und Vernetzung alternativ-ökonomischer Betriebe und Projekte, München 1995.

[41] Vgl. z.B.: Luise Gubitzer: Geschichte der Selbstverwaltung, München 1989, S. 9f und Benediktus Hardorp: Führung ohne Hierarchie? In: Der Wirtschaftsprüfer als Unternehmensberater. Festschrift für Max Horn, Ulm 1974, S. 108 – 127.

[42] Vgl. z.B.: Matthias Neuling: Auf fremden Pfaden, Dissertation, Berlin 1985, S. 21 und Kap-Suhn Choi: Das Modell der „Kapitalneutralisierung", Dissertation, Frankfurt a.M. 1994, S. 33ff.

[43] Vgl. Jürgen Habermas: Zur Rekonstruktion des Historischen Materialismus, Frankfurt a.M. 1976.

[44] Vgl. Wolfgang Stegmüller: Rationale Rekonstruktion von Wissenschaft und ihrem Wandel, Stuttgart 1979.

Kappler[45] mit phänomenologischen Ansätzen[46] sowie mit der diskursiven Hermeneutik nach Habermas[47] verbunden werden, um so zu validen Forschungsresultaten zu kommen. Zu einer Fundamentalkritik des vorherrschenden positivistischen Szientismus und des kritischen Rationalismus siehe darüber hinaus den integrativen Ansatz von Paul Feyerabend[48], der sich zuletzt dem Konstruktivismus etwa von Paul Watzlawick[49] angenähert hat.

Eine Empirische Sozial- oder Wirtschaftsforschung vermag die benötigten Erkenntnisse nicht zu liefern, da sie lediglich „(wirtschafts-)historische Daten"[50] liefert, wie Hans-Hermann Hoppe zeigt.[51]

Die Methode der lediglich quantitativen empirischen Sozialforschung bzw. Wirtschaftsforschung zur Bestätigung der Forschungsthesen kommt aufgrund geringer Fallzahlen echt kapitalneutralisierter Unternehmen nicht in Betracht.[52] Daher soll ergänzend eine Literaturauswertung durchgeführt werden.

1.4. Wirtschaftsethik vs. Wertfreiheitspostulat

Bei einer Darstellung und Diskussion der Kapitalneutralisierung als Alternative zu rein profitmaximierenden Unternehmen, kommt man nicht umhin die Frage des Wertfreiheitspostulats[53] zu thematisieren. Letzteres steht im Gegensatz zu einer kritischen Theorie der Wirtschaftsethik[54], welche sich in der Lage sieht Ziele und Methoden der Wirtschaftswissenschaften diskursiv-kritisch zu hinterfragen.

---

[45] Vgl. Ekkehard Kappler: Die Wiedergewinnung der Möglichkeit – Rekonstruktion als wissenschaftlicher Beitrag zur Überwindung von Stagnation. In: Ludwig Pack/Dietrich Börner (Hg.): Betriebswirtschaftliche Entscheidungen bei Stagnation, Wiesbaden 1984, S. 303 – 314 und Ekkehard Kappler (Hg.): Praktische Folgen einer Rekonstruktion der Betriebswirtschaftslehre, Spardorf 1983.

[46] Vgl. Hans-Christoph Koller : Phänomenologie. In: Ralf Bohnsack/Winfried Marotzki/Michael Meuser (Hg.): Hauptbegriffe Qualitativer Sozialforschung, Opladen – Farmington Hills 2006, S. 83 – 85. Die phänomenologische Methode wird auch von Rudolf Steiner sehr geschätzt. Für den Bereich der wirtschaftswissenschaftlichen Methode wird die phänomenologische ergänzt durch die „charakterisierende Methode" (Rudolf Steiner: Nationalökonomisches Seminar, GA 341, Dornach 1986, S. 11 – 17).

[47] Jürgen Habermas: Der Universalitätsanspruch der Hermeneutik. In: Jürgen Habermas: Arbeit – Erkenntnis – Fortschritt. Aufsätze 1954 – 1970., Amsterdam 1970, S. 439 – 467 und Jürgen Habermas: Theorie des kommunikativen Handelns, Band 1 und Band 2, jeweils: Frankfurt a.M. 1995 (Taschenbuchausgabe).

[48] Vgl. Paul Feyerabend: Erkenntnis für freie Menschen, Frankfurt a.M. 1979 und Derselbe: Wider den Methodenzwang, Frankfurt a.M. 1999.

[49] Vgl. etwa: Paul Watzlawick (Hg.): Die erfundene Wirklichkeit, München 2006.

[50] Hans-Hermann Hoppe: Kritik der kausalwissenschaftlichen Sozialforschung. Untersuchungen zur Grundlegung von Soziologie und Ökonomie, Opladen 1983, S. 82.

[51] Ebenda, S. 9ff.

[52] „Kapitalneutralisierung ist (…) bisher weitgehend eine politische Forderung ohne viel praktische Relevanz geblieben, d.h., nur ganz wenige Betriebe haben den rechtlich (…) schwierigen Versuch unternommen, diese neuartige Eigentumsform durch entsprechende Vereinbarungen in den Gesellschaftsverträgen und Satzungen betriebsstrukturell zu verankern." Marlene Kück, Finanzierungshemmnisse bei selbstverwalteten Betrieben. In: Manfred Berg/Marlene Kück/Michael Makowski (Hg.): Alternative Finanzierungskonzepte. Bestandsaufnahme – Konflikte – Modelle – Perspektiven, Berlin 1986, S. 21. Dennoch gibt es gut gedeihende Musterbetriebe mit voller Kapitalneutralisierung, so etwa der Scott Bader Commonwealth in Großbritannien sowie das Modell Hoppmann und den Komplementärmedizinhersteller WALA in Deutschland. Daneben gibt es weltweit weitere Betriebe, die eine Kapitalneutralisierung durchgeführt haben.

[53] Vgl. hierzu auch: Michael Heinen-Anders: Wertfreiheit als Methodenfrage, GRIN, München 2014.

[54] Vgl. Markus Breuer/ Alexander Brink/ Olaf J. Schumann (Hrsg.) Wirtschaftsethik als kritische Sozialwissenschaft, Bern – Stuttgart 2003.

" Die normative Logik des Marktes (…) ist nicht etwa ethisch neutral."[55] Denn: „Konsequent zu Ende gedacht mündet das Prinzip Markt in eine Ethik – oder vielleicht besser: eine Anti-Ethik – des Rechts des Stärkeren."[56]
Eine kritische Theorie der Wirtschaftsethik kann mithin die ‚normative' Vorgabe der Wertfreiheit nicht gelten lassen.

1.5. Kritischer Rationalismus vs. Kritische Theorie

Für den kritischen Rationalismus hingegen ist das Wertfreiheitspostulat unverzichtbar. Die Existenz von erkenntnisleitenden Interessen[57] wird dabei ausgeblendet.

Hinsichtlich des kritischen Rationalismus ist zudem zu kritisieren, dass dieser die Erfassung und Planung der Gesellschaft als einer „Totalität"[58] (Habermas) ablehnt, weshalb ein geplanter Wandel des Gesellschaftssystems nur mit der Methode des „Inkrementalismus"[59] (Stückwerkstechnologie) in möglichst kleinen Schritten möglich sein soll[60].
Die kritische Theorie hingegen hält evolutionäre Sprünge in der Gesellschaftsplanung für machbar.[61]
Daher sind Systemalternativen und auch ‚Dritte Wege', wie ihn die Idee der Kapitalneutralisierung durchaus darstellt für den kritischen Rationalismus von vorneherein undenkbar.
Zwar ist die Idee der Kapitalneutralisierung, wie sie hier dargestellt werden soll, keine revolutionäre Idee, sondern muß evolutiv gedacht werden, doch der kritische Rationalismus Karl Poppers lehnt Systemutopien generell ab, da sie unter dem Verdacht zu stehen scheinen totalitäre Wirkungen entfalten zu können[62]. Doch eine fortschreitende Wissenschaft kann nicht auf das Denken in Alternativen verzichten, will sie nicht blind gegenüber notwendigen Veränderungen sein. „Aus der Lerntheorie ist bekannt, dass wir aus Fehlern lernen. (…) Ist diese Unterstellung nicht einlösbar und sind die Erkenntnisprozesse immer schon historisch und kulturell vor- oder zumindest mitgeprägt, bleibt für die Beurteilung von praktischen Erkenntnisbehauptungen – seien sie von sog. Wissenschaftlern oder sog. Praktikern – nur die Rekonstruktion ihres Zustandekommens."[63] In dieser Richtung soll auch die literaturgestützte Auswertung der Experteninterviews vorgenommen werden. Bislang verborgene, bzw. wenig bekannte Praxisalternativen sollen so erneut der weiteren Forschung zugänglich werden.

---

[55] Ulrich Thielemann: Integrative Ethik als kritische Theorie des Wirtschaftens. Die Unmöglichkeit der Wertfreiheit der Ökonomie als Ausgangspunkt der Wirtschaftsethik. In: Breuer/Brink/Schumann: Wirtschaftsethik als kritische Sozialwissenschaft, Bern – Stuttgart 2003, S. 92.

[56] Ebenda, S. 92.

[57] Vgl. Jürgen Habermas: Erkenntnis und Interesse, Frankfurt a.M. 1973.

[58] Vgl. Jürgen Habermas: Technik und Wissenschaft als Ideologie, Frankfurt a.M. 1970 und Derselbe: Analytische Wissenschaftstheorie und Dialektik. In: Ernst Topitsch (Hg.): Logik der Sozialwissenschaften, Köln 1972, S. 291.

[59] „Man wird jeweils nur dort tätig, wo ein besonders offenkundiger Problemdruck wahrgenommen wird; es werden nicht alle denkbaren, sondern nur eine Auswahl von Alternativen in die Überlegungen einbezogen (…) Es werden die nahe liegenden Konsequenzen durchdacht und berücksichtigt; weiter entfernte und nur schwer vorhersehbare Konsequenzen von Maßnahmen bleiben zunächst unberücksichtigt; sie sind Gegenstand von Überlegungen, soweit entsprechende Nachfolgeprobleme auftauchen." (Werner Kirsch/Ingolf Bamberger/Claus C Berg/Wolfgang Weber: Die Wirtschaft. Einführung in ihre Entscheidungsprobleme, München 1978, S. 259).

[60] Vgl. Herbert Keuth: Die Philosophie Karl Poppers, Tübingen 2000, S. 240 – 241.

[61] Vgl. Max Horkheimer: Sozialphilosophische Studien, Frankfurt a.M. 1972, S. 65 – 66.

[62] Vgl. Herbert Keuth: Die Philosophie Karl Poppers, Tübingen 2000, S. 244ff.

[63] Ekkehard Kappler: Theorie aus der Praxis – Rekonstruktion als wissenschaftlicher Praxisvollzug der Betriebswirtschaftslehre. In: Wolf F. Fischer-Winkelmann: Das Theorie-Praxis-Problem der Betriebswirtschaftslehre, Wiesbaden 1994, S. 51 – 52.

1.5. Letzter Forschungsstand

Die letzte verfügbare Dissertation zu dem Thema der Kapitalneutralisierung datiert von 1994.[64] Sie berücksichtigt allerdings nur die Variante der Kapitalneutralisierung nach Ota Sik und lässt weitere wegweisende Ansätze, wie den von Folkert Wilken unbearbeitet zurück. Ein im Jahre 2013 erschienener Aufsatz[65] zum Thema, welcher im wesentlichen auf einer wissenschaftlichen Seminararbeit aus dem Jahre 1985 basiert und den Ansatz von Folkert Wilken streift, berücksichtigt dagegen den Ansatz von Ota Sik nur unzureichend, so dass man hier in der Tat von einer Lücke der Forschung zum Thema der Kapitalneutralisierung sprechen kann.

2. Das Eigentum an den Produktionsmitteln in privater Hand und seine Problematik
2.1. Legitimationsprobleme

"Der Zusammenbruch der osteuropäischen Staaten hat bei den Vertretern des westlichen, auf dem Privateigentum an den Unternehmen beruhenden Systems zu der Überzeugung geführt, dass dieses System sich im Wettstreit mit dem östlichen, auf dem Staatseigentum beruhenden System als das bessere durchgesetzt und gesiegt habe. Übersehen oder verdrängt wird dabei jedoch, dass auch das marktwirtschaftliche System erhebliche Mängel aufweist und negative Auswirkungen hat, die es als äußerst problematisch erscheinen lassen. Ursache dieser Problematik ist das Privateigentum an Produktionsmitteln, worauf vor allem Karl Marx mit Recht hingewiesen hat."[66]
Die negativen Auswirkungen des Systems des Spätkapitalismus, äußern sich vor allem in Form externer Effekte. Je weniger der Staat als Korrektiv in der Lage ist einzugreifen, um so mehr gerät das ganze System in eine Legitimationskrise.[67]

Es müßte daher darum gehen die tendenziell menschenfeindliche Ökonomie[68] wieder in den Dienst der großen Mehrheit der Menschen zu stellen, und nicht nur in den Dienst derjenigen, die vom Privateigentum an Produktionsmitteln unmittelbar profitieren.

Gerade Großunternehmen werden in der Öffentlichkeit in besonderem Maße und zu Recht als Stellvertreter einer vermachteten Ökonomie[69], mit ihren oligigopolistischen (und teils gar monopolistischen) Strukturen angesehen. Die Entscheidungen großer Unternehmen haben daher auch ein ganz besonderes Legitimationspotential für das von ihnen in Anspruch genommene politökonomische System des Spätkapitalismus.

---

[64] Siehe: Kap-Suhn Choi: Das Modell der „Kapitalneutralisierung" – Ein Reformkonzept zur Bildung von Produktivkapital in Arbeitnehmerhand und seine Vereinbarkeit mit der Eigentumsgarantie des Grundgesetzes, Dissertation, Frankfurt a. M. 1994.
[65] Siehe: Michael Heinen-Anders: Kapitalneutralisierung als Dreigliederungsaufgabe – Eine interdisziplinäre betriebswirtschaftliche Studie, BOD, Norderstedt 2013.

[66] Dietrich Spitta: Die Problematik des Privateigentums an Unternehmen. Gesichtspunkte und Ansätze zu seiner Umwandlung. In: Stefan Leber (Hg.): Eigentum. Die Frage nach der Sozialbindung des Eigentums an Boden und Unternehmen, Stuttgart 2000, S. 152.
[67] Vgl. dazu auch: Jürgen Habermas: Was heißt heute Krise? Legitimationsprobleme im Spätkapitalismus. In: Derselbe, Zur Rekonstruktion des Historischen Materialismus, Frankfurt a.M. 1976, S. 316ff.
[68] „Diese Wirtschaft tötet", so wird Papst Franziskus bei Sahra Wagenknecht: Reichtum ohne Gier. Wie wir uns vor dem Kapitalismus retten, Frankfurt a.M. – New York 2016, S. 19 zitiert.
[69] „Daß hingegen viele Ökonomen die Problematik der Macht in ihren Analysen vernachlässigen, erscheint uns als richtiger Vorwurf." (Helga Duda/Ernst Fehr: Macht und Ökonomie. Das Beispiel atomistischer Arbeitsmärkte. In: Willi Küpper/Günther Ortmann: Mikropolitik. Rationalität, Macht und Spiele in Organisationen, Opladen 1988, S. 148).

In der Unternehmensrechtsform der AG tritt das Legitimationsdefizit bei börsennotierten Unternehmen teils recht offen zu Tage.[70]

Gerade die gegenwärtige Legitimationskrise des Autobauers VW lässt erkennen, dass auch eine Weltfirma ihren potentiellen Abnehmern gegenüber rechenschaftspflichtig ist[71]. Dies um so mehr, wie das öffentliche Agieren des Managements Zweifel an der Rechtschaffenheit der jeweiligen Unternehmenspolitik zu säen geeignet ist.[72]

Leichter haben es da kapitalistische Klein- und Mittelunternehmen (KMU), die zwar, im Falle des atomistischen Marktes bzw. des polypolistischen Wettbewerbs in der Theorie am Gütermarkt reine Mengenanpasser sind, deren tatsächliche Lage als Nischenanbieter oder als Inhaber sehr spezifischen Know-Hows, oft aber tatsächlich eher den oligopolistischen Preisanpassern gleicht. Sie stehen weniger im Fokus öffentlicher Aufmerksamkeit, agieren aber marktwirtschaftlich, wo es geht, nach den gleichen, für alle Wettbewerber geltenden Regeln, so etwa am Arbeitsmarkt.

Doch auch diese KMU werden mitunter von Legitimitätskrisen erfasst. So etwa im Falle ihrer Preissetzungsmacht gegenüber der Ware Arbeitskraft. Viele dieser KMU's gehören keinem Tarifvertrag an, können also den Preis der Ware Arbeitskraft, in all den Fällen, in denen keine Spezialisten oder andere nur knapp am Arbeitsmarkt verfügbare Berufsgruppen nachgefragt werden, also ihr Lohnangebot, bis unter die eigentlichen Reproduktionskosten der Arbeitskraft[73] senken, denn die seit 2005 geltende Deregulierung des Arbeitsmarktes unter der

---

[70] Vgl. Peter Ulrich: Die Großunternehmung als quasi-öffentliche Institution, Dissertation, Stuttgart 1977, S. 162ff.

[71] „Eine voll entfaltete Bürgergesellschaft setzt, wie wir gesehen haben, starke Bürgerrechte, einen hinreichend entwickelten und verbreiteten Bürgersinn sowie die Einbindung der Marktkräfte in die republikanisch-liberale Gesellschaftsordnung voraus. Was die Bürgerrechte betrifft, so steht aus wirtschaftsethischer Sicht die Stärkung der bisher noch nicht besonders systematisch entwickelten sozioökonomischen Rechte oder *Wirtschaftsbürgerrechte* im Vordergrund." (Peter Ulrich: Zivilisierte Marktwirtschaft. Eine wirtschaftsethische Orientierung, Bern – Stuttgart – Wien 2010, S. 82).

[72] Vgl. z.B.: http://www.taz.de/Ermittlungen-in-der-VW-Abgasaffaere/!5285747/

[73] Nach Ferdinand Lassalle, einem der Gründerväter der Sozialdemokratischen Partei Deutschlands (SPD), schwankt der Lohn bei vollkommener Konkurrenz unter den Bedingungen eines schrankenlosen Kapitalismus stets um das Existenzminimum. Von Malthus und David Ricardo, übernahm er die These, dass Lohnerhöhungen die Geburtenrate steigen lassen, was wiederum, aufgrund eines dann schließlich zu großen Angebots an Arbeitskräften, die Lohnhöhe unter das Existenzminimum drückt und damit die Geburtenrate wieder sinken läßt. Lassalles **ehernes Lohngesetz** wird heute allgemein in der Ökonomie als falsch beurteilt. (Vgl. Geigant/Haslinger/Sobotka/Westphal: Lexikon der Volkswirtschaftslehre, Landsberg/Lech 1994, S. 193 – 194). Allerdings ist der dahinterstehende Gedanke, der Lohn schwanke in einer reinen (nicht sozialen) Marktwirtschaft beim einfachen ungelernten Arbeiter um das Existenzminimum, neuerdings wieder in der Diskussion. „Ich muss gestehen, ich empfinde es als einen gewissen wissenschaftlichen Leichtsinn, dass man immer noch verzeichnet findet, dieses Gesetz sei „überwunden", denn die Dinge bewahrheiten sich nicht. Die Sache ist nämlich so: Es kann aus der Denkweise des *Lassalle* heraus und aus der Anschauung, dass Arbeit bezahlt werden kann, nichts Richtigeres erfolgen als dieses **eherne Lohngesetz**. Es ist so logisch streng, dass man sagen kann: Absolut richtig ist, wenn man so denkt, wie Lassalle denken musste, dass niemand ein Interesse hat, dem Arbeiter mehr Lohn zu geben, als dass gerade noch der Lebensunterhalt des Arbeiters möglich ist. Es wird ihm nicht mehr gegeben, selbstverständlich. Gibt er ihm aber weniger, so wird der Arbeiter verkümmern und dass muss derjenige, der den Lohn bezahlt, büßen. Es ist im Grunde genommen gar nicht auszukommen, ohne theoretisch das **eherne Lohngesetz** zuzugeben.mehr gegeben, selbstverständlich. Schon innerhalb des Proletariats selber sagen die Leute: Das **eherne Lohngesetz** ist falsch, denn es ist nicht richtig, dass sich in den letzten Jahrzehnten der Lohn eben auf einem gewissen Minimum, das zugleich sein Maximum wäre, erhalten hat. Ja, aber warum ist das **eherne Lohngesetz** von *Lassalle* falsch? Hätten die Verhältnisse fortgedauert, unter denen er es aufgestellt hat – ich will also sagen, die Verhältnisse von 1860 bis 1870 -, hätte man weiter gewirtschaftet unter der rein liberalistischen Anschauung, so wäre das **eherne Lohngesetz** mit absoluter Richtigkeit in die Wirklichkeit hineingekommen. Man hat es nicht getan, man hat eine Umkehr vollzogen von

Bezeichnung Hartz IV macht dies möglich, da ergänzende Sozialtransfers der Jobcenter bzw. Agenturen für Arbeit, das rechtlich festgesetzte Existenzminimum, erreichen lassen.[74]

Doch mit den unter diesen Voraussetzungen tatsächlich gezahlten Löhnen ist Altersarmut programmiert, auch sind Rücklagen für Anschaffungen kaum möglich – an einen Erholungsurlaub ist in dieser Lage ohnehin nicht zu denken.

Daher sah sich der Gesetzgeber genötigt auch in Deutschland einen Mindestlohn (in Höhe von 8,50 € pro Arbeitsstunde) einzuführen. Und siehe da – trotz mehrheitlich anderslautender Prognosen der Wirtschaftsforschungsinstitute[75] und der sogenannten „Wirtschaftsweisen"[76] gingen durch diesen Markteingriff keine Arbeitsplätze verloren.[77]

Daran lässt sich ablesen, dass viele der herrschenden Wirtschaftstheorien nur Ideologie sind.[78]

Im Zuge der weltweiten Finanz- und Wirtschaftskrise geriet das herrschende Weltwirtschaftssystem an seine Grenzen. „Was im Jahr 2008 als Wirtschaftskrise begann, wuchs sich zu einer sozialen Krise aus, die Massenproteste auslöste."[79]

Die Legitimationskraft des Wirtschaftssystems schwindet.

„Neben dem riesigen Problem der (…) Arbeitslosigkeit ist eine weitere gravierende Schwierigkeit die zunehmende Konzentration des Eigentums bzw. der Verwaltung des Eigentums an Unternehmen in den Händen weniger, die damit eine immer größere Macht erlangen. Es hängt dies einerseits damit zusammen, dass die Gewinne den Eigentümern der Unternehmen zustehen, ob sie nun ausgeschüttet oder Rücklagen zugeführt werden, und andererseits damit, dass mit Hilfe der Gewinne Eigentum an Unternehmen käuflich erworben werden kann. Erleichtert wird diese Möglichkeit durch das Instrument der Aktie, die problemlos den Kauf und den Verkauf von Unternehmensanteilen sowie Kapitalerhöhungen durch Ausgabe neuer Aktien ermöglicht. Dies führt zu immer größeren Unternehmenskomplexen und –verflechtungen sowie Konzernbildungen, die sich nicht auf das Inland beschränken, sondern Unternehmen in vielen Ländern umfassen. Eine Folge dieser

---

der liberalistischen Wirtschaft und bessert heute fortwährend das **eherne Lohngesetz** aus, indem man Staatsgesetze macht, welche eine Korrektur der Wirklichkeit bewirken, die aus dem Gesetz hervorgegangen wäre. Also Sie sehen, ein Gesetz kann richtig sein und doch nicht wirklichkeitsgemäß. Ich kenne keinen Menschen, der ein größerer Denker war als *Lassalle*. Er war nur sehr einseitig. Er war schon ein sehr konsequenter Denker. Wenn man einem Naturgesetz gegenübersteht, dann konstatiert man es. Wenn man einem sozialen Gesetz gegenüber steht, dann kann man es auch konstatieren, aber es ist nur als eine bestimmte Strömung gültig, und man kann es korrigieren. Insofern unsere Wirtschaft rein auf freier Konkurrenz beruht – und vieles ist noch da, das nur auf freier Konkurrenz beruht -, ist das **eherne Lohngesetz** gültig. Aber weil es unter diesen Voraussetzungen gültig wäre, muß man die Korrekturen mit der Sozialgesetzgebung, mit einer bestimmten Arbeitszeit und so weiter geben. Lassen Sie den Unternehmern vollständig freie Hand, so gilt das **eherne Lohngesetz**." (Rudolf Steiner: Nationalökonomisches Seminar, GA 341, Dornach 1986, S. 10 - 11).

[74] Vgl. Christoph Butterwegge: Hartz IV und die Folgen, Weinheim – Basel 2015.

[75] Vgl. Hermann Adam: Bausteine der Wirtschaft, 16. Auflage, Wiesbaden 2015, S. 413.

[76] Eine ältere Untersuchung der Validität der Vorhersagen der „Wirtschaftsweisen" kommt denn auch zu katastrophalen Ergebnissen. Vgl. Charles C. Roberts: Die Gänse des Kapitals oder die Leere der fünf Weisen. In: Kursbuch 69 (1982), S. 107 – 124.

[77] Vgl. z.B.: http://www.sueddeutsche.de/politik/lohnuntergrenze-zahlen-belegen-der-mindestlohn-wirkt-1.2936724

[78] Vgl. Wolfgang Waldner: Trugschlüsse der Volkswirtschaftslehre. Wie Professoren mit Modellen Studenten indoktrinieren und eine krisenverschärfende Wirtschaftspolitik fordern, BOD, Norderstedt 2011 und Joan Robinson: Ökonomische Theorie als Ideologie, Frankfurt a.M. 1980.

[79] Paul Mason: Postkapitalismus. Grundrisse einer kommenden Ökonomie, Berlin 2016, S. 10.

Entwicklung ist trotz Anti-Kartell- und Anti-Monopolgesetzen vielfach eine Marktbeherrschung mit der Möglichkeit, beim Einkauf Preise zu drücken und beim Verkauf überhöhte Preise und Gewinne zu erzielen. Dies führt in Verbindung mit dem Konkurrenzkampf zu zahlreichen Konkursen, welche die Arbeitslosigkeit vermehren und eine erhebliche Vernichtung und Verschleuderung volkswirtschaftlicher Werte zur Folge haben. Auch die katastrophale Verschuldung der Entwicklungsländer und die zunehmende Verarmung ihrer Bevölkerungen hängt hiermit und somit letztlich mit dem Privateigentum an den Unternehmen und am Kapital zusammen. Nicht zu übersehen ist auch die enge Verflechtung zwischen Wirtschaft und Staat mit vielfältigen Einflussnahmen wirtschaftlicher Kreise auf die staatliche Politik und Gesetzgebung."[80]

2.2. Lösungsansätze[81]

Wirtschaftswissenschaft als Theorie des Bestehenden weiß nur selten etwas sicher im Voraus. Selbst sicher geglaubte Vorhersagen über Konjunkturverläufe werden schnell Makulatur. So wurde etwa noch einen Tag nach dem Bekanntwerden der Pleite der Investmentbank Lehman-Brothers von dem damaligen Finanzminister Peer Steinbrück, einem studierten Diplom-Volkswirt, eine anschließende Rezession ausgeschlossen, obwohl dieser über mehrere wissenschaftliche Beratergremien verfügte.[82]

Die anschließende Rezession wurde mit einer keynesianischen antizyklischen Stabilitätspolitik bekämpft. „Die Durchschnittsbürger der entwickelten Länder bezahlen für die Rettung der Globalisierung. Doch das Wachstum stagniert."[83]
Die Europäische Zentralbank (EZB) senkt den Zinssatz auf 0,00 %. Damit ist das Werkzeug der etablierten Krisenreaktionsmechanismen erschöpft. Wie Japan befindet sich die EURO-Zone damit in einem Gefangenendilemma[84]. Erhöht die EZB den Zinssatz wieder, so droht Deflation. Eine noch weitere Senkung des Zinssatzes ist nicht möglich. Die Konjunktur in der EURO-Zone hingegen will nicht anspringen. Sparen ist sinnlos geworden. Wahlloser Konsum ist es auch. Die Wirtschaftstheorie ist angesichts dieser Situation ratlos geworden.

---

[80] Dietrich Spitta: Die Problematik des Privateigentums an Unternehmen. Gesichtspunkte und Ansätze zu seiner Umwandlung. In: Stefan Leber (Hg.): Eigentum. Die Frage nach der Sozialbindung des Eigentums an Boden und Unternehmen, Stuttgart 2000, S. 155.
[81] Der folgende Abschnitt ist großteils gleichlautend mit: Michael Heinen-Anders: Selbsterfüllende und selbstzerstreunde Insolvenzprognosen als Ansätze zur Erklärung krisenverschärfenden Verhaltens – Ein wirtschaftspsychologischer Beitrag zur Finanzkrise, Selbstverlag, Köln 2009, S. 7 und Michael Heinen-Anders: Kapitalneutralisierung als Dreigliederungsaufgabe – Eine interdisziplinäre betriebswirtschaftliche Studie, BOD, Norderstedt 2013, S. 29 – 32.
[82] Vgl. Peter Bofinger: Grundzüge der Volkswirtschaftslehre, Hallbergmoos 2015, S. 2.
[83] Paul Mason: Postkapitalismus. Grundrisse einer kommenden Ökonomie, Berlin 2016, S. 10.
[84] Vgl. zur Begriffsklärung: Paul Watzlawick: Wie wirklich ist die Wirklichkeit?, München – Zürich 2014, S. 103ff.

Die gewünschte Inflation bleibt aus. Selbst verrückte Lösungen, wie die Ausgabe von „Helikoptergeld"[85] werden in der Öffentlichkeit debattiert.[86] Die Theorie aber versagt. Praxis hingegen als Konstruktion des Wirklichen[87] kann rekonstruierender Wissenschaft[88] immer einen Schritt voraus sein, da sie aus sich selbst heraus um selbstgestaltete Zukunft wissen kann. Doch auch Wissenschaft kann an sich selbst praktisch werden und selbst-bewußt fortschreiten[89]. Ihre „Rekonstruktion öffnet den Blick für Alternativen, die unwiederbringlich verdrängt schienen, und erschließt so der Praxis wieder die Möglichkeit der Konstruktion"[90]. Das Verhältnis zwischen Wissenschaft und Praxis darf hierbei nicht als starr abgegrenztes verstanden werden, sondern eher als eine Art Diskurs[91], welcher fallweises Zusammenwirken beider ermöglicht.

Erst wenn auch das Eigentumsrecht als prinzipiell entwicklungsfähig und als einer evolutionären Sichtweise[92] zugänglich verstanden wird, eröffnen sich Freiräume, aus denen auch hier geschöpft werden soll.

Häufig wird das geltende Recht zwar als fragwürdig oder auch als dysfunktional angesehen, jedoch als Garant der Freiheit missverstanden.[93]

Wie einschränkend das Eigentumsrecht jedoch in Wahrheit ist, wird deutlich, wenn man sich vor Augen führt, dass die Lohn- und Gehaltsabhängigen in aller Regel dem wirtschaftlich stärkeren Unternehmer auch ihr Recht auf selbständige Tätigkeit im ‚freien' Arbeitsvertrag abtreten müssen[94]. Dadurch erhebt sich der Unternehmer neben seiner monopolistischen Kapitalverfügung auch zum Monopolisten über das freie, selbständige Handeln.

Hier zeigt sich deutlich der anti-soziale Charakter des Privateigentums an Produktionsmitteln. Selbst bei voller Anerkennung des emanzipatorischen Charakters unternehmerischen

---

[85] Ursprünglich entstammt diese Bezeichnung einer Überlegung des späteren Nobelpreisträgers Milton Friedman. Vgl. Milton Friedman: A monetary and Fiscal Framework for Economic Stabilitiy. In: American Economic Review, Vol. 38 (1948), S. 245 – 264.

[86] Vgl. http://www.tagesspiegel.de/politik/5000-euro-fuer-jeden-helikoptergeld-wie-die-ezb-plaene-dementiert-und-doch-die-debatte-befeuert/12358440.html

[87] Vgl. Heinz von Foerster: Das Konstruieren einer Wirklichkeit. In: Paul Watzlawick (Hg.): Die erfundene Wirklichkeit, München 2006, S. 39 – 60; Peter L. Berger/Thomas Luckmann: Die gesellschaftliche Konstruktion der Wirklichkeit, Frankfurt a. M. 2012, S. 55f, 126ff.

[88] Vgl. Jürgen Habermas: Zur Rekonstruktion des Historischen Materialismus. In: Derselbe: Zur Rekonstruktion des Historischen Materialismus, Frankfurt a. M. 1976, S. 144ff; Ekkehard Kappler: Die Wiedergewinnung der Möglichkeit – Rekonstruktion als wissenschaftlicher Beitrag zur Überwindung von Stagnation. In: Ludwig Pack/Dietrich Börner (Hg.): Betriebswirtschaftliche Entscheidungen bei Stagnation, Wiesbaden 1984, S. 303.

[89] Vgl. Ekkehard Kappler: Die Wiedergewinnung der Möglichkeit – Rekonstruktion als wissenschaftlicher Beitrag zur Überwindung von Stagnation. In: Ludwig Pack/Dietrich Börner (Hg.): Betriebswirtschaftliche Entscheidungen bei Stagnation, Wiesbaden 1984, S. 314.

[90] Ekkehard Kappler: Die Wiedergewinnung der Möglichkeit – Rekonstruktion als wissenschaftlicher Beitrag zur Überwindung von Stagnation. In: Ludwig Pack/Dietrich Börner (Hg.): Betriebswirtschaftliche Entscheidungen bei Stagnation, Wiesbaden 1984, S. 314.

[91] Vgl. Ekkehard Kappler: Brauchen wir eine neue Betriebswirtschaftslehre? Vorbemerkungen zur kritischen Betriebswirtschaftslehre. In: Norbert Koubek/Hans-Detlef Küller/Ingrid Scheibe-Lange: Betriebswirtschaftliche Probleme der Mitbestimmung, Köln 1980, S. 195ff; Ekkehard Kappler: Zum Theorie-Praxis-Verhältnis einer noch zu entwickelnden kritischen Theorie der Betriebswirtschaftslehre. In: Hans Ulrich (Hg.): Zum Praxisbezug der Betriebswirtschaftslehre, Bern – Stuttgart 1976, S. 124.

[92] Vgl. Jürgen Habermas: Überlegungen zum evolutionären Stellenwert des modernen Rechts. In: Derselbe: Zur Rekonstruktion des Historischen Materialismus, Frankfurt a. M. 1976, S. 260ff.

[93] Vgl. W. Kaden: Die nichtsnutzigen Erben, in: DER SPIEGEL, 39. Jg., Nr 20 (1985), S. 90. Das geltende Erbrecht hat schon viele Familienunternehmen in den Ruin geführt.

[94] Vgl. Ferdinand Grüll: Das vertragliche Wettbewerbsverbot des Arbeitnehmers, Heidelberg 1983 und Ferdinand Grüll: Die Konkurrenzklausel, Heidelberg 1983 sowie Jobst-Hubertus Bauer/Martin Diller: Wettbewerbsverbote, München 2006.

19

Handelns[95], darf dieses nicht dazu führen Andere in ihrer Freiheit und in ihren Rechten übermäßig zu beschneiden.[96]

Um nun zu einem gegenwartsnahen sozialgestalteten Eigentumsrecht zu kommen, schlägt Hans-Georg Schweppenhäuser eine Differenzierung des Eigentumsrechts vor. Der veraltete römische Eigentumsbegriff – wie er sich noch heute in § 903 BGB findet – muss für die Produktionsmittel seine Geltung verlieren.[97]

Statt dessen soll ein neues Recht differenziert gelten.

Dabei wäre an erster Stelle die freie Verfügung des tätigen Kollektivs über die materiellen Produktionsmittel, im Sinne der Produktionsidee: „produzieren zu können", zu setzen. In der Praxis bedeutete dies: Untrennbarkeit von den Produktionsmitteln.[98]

An zweiter Stelle stünde die rechtliche Regelung über die Weitergabe und Übertragung des Betriebsvermögens bei Ausscheiden der bisher Verfügungsberechtigten an ideelle Erben. Dies bedeutete praktisch das Ausschließen eines automatischen Erbganges an Blutsverwandte.[99]

An dritter Stelle schließlich käme ein Anspruch der Gesamtgesellschaft auf regelmäßige soziale Gegenleistungen in Frage.

In der Praxis etwa in Gestalt eines Interventionrechtes bei willkürlicher Produktionsstilllegung.[100]

Obwohl Schweppenhäusers Überlegungen sich nicht direkt damit befassen, weisen sie auf einen wesentlichen Inhalt der Kapitalneutralisierung hin.

3. Vom „selbstverwalteten Betrieb" zur „Kapitalneutralisierung"

„Auf einer bestimmten Ebene widersetzen sich das menschliche Leben und die zwischenmenschlichen Kontakte der Kommerzialisierung."[101] Die Systemimperative

---

[95] Vgl. z.B.: Heinz Bude: Der Unternehmer als Revolutionär der Wirtschaft. In: MERKUR, 51. Jg., Nr. 582/583, Heft 9/10 (1997), S. 866 – 876.

[96] Vgl. Benediktus Hardorp: Elemente einer sozialen Baukunst. Ein Beitrag zum Unternehmensverständnis. In: Derselbe: Arbeit und Kapital als schöpferische Kräfte, Karlsruhe 2008, S. 19 – 41.

[97] Neuerungen des Eigentumsrechts standen auch am Ausgangspunkt der später erfolgreichen Partei ‚Die Grünen': „Damit der Mensch nicht vollends zum Objekt einer vollautomatisierten Welt wird, müssen wir seine Enteignung durch die private oder staatliche Kapitalordnung rückgängig machen und auf die heutigen Verhältnisse bezogen das weiterentwickeln, was in den germanischen Rechtsvorstellungen – im Unterschied zu den römischen, die sich historisch durchgesetzt haben – veranlagt war. Wir nennen diese Alternative das >>neutralisierte Kapital<<: Alle zum gesellschaftlichen Arbeitsfeld, also zur organisierten Arbeitswelt gehörenden Kapitalmittel, Grund und Boden und Produktionsstätten sind nicht eigentumsfähig. Sie müssen frei zirkulieren, dass heißt treuhänderisch denen zur Verfügung stehen, die die Fähigkeiten haben, sie sachgemäß einzusetzen. Nur diese Form des treuhänderischen >>Eigentums<< macht die soziale Verpflichtung, von der das Grundgesetz im Artikel 14 spricht, realisierbar und befreit dieses Postulat von der Willkür privater Moral" (O. Verf.: Der grüne Kurs: Wahlplattform des ‚Achberger Kreises' zur Bundestagswahl 80. In: Wilfried Heidt (Hg.): Abschied vom Wachstumswahn, Achberg 1980, S. 198 – 199. – Interessant ist, dass neuerdings – unter dem Eindruck der gewaltigen Wirtschafts- und Finanzkrise – auch wieder von der Alternative des ‚Treuhandeigentums' gesprochen wird (Vgl. Ramon Brüll: Treuhandwirtschaft und unveräußerliches Kapital – Ein Vorschlag zur Bankenkrise. In: Zeitschrift INFO 3, Nr. 11 (November 2008), S. 86).

[98] Vgl. Hans-Georg Schweppenhäuser: Macht des Eigentums, Stuttgart 1970, S. 57; Derselbe: Das Eigentum an den Produktionsmitteln, Berlin 1963, S. 32.

[99] Vgl. Hans Georg Schweppenhäuser: Macht des Eigentums, Stuttgart 1970, S. 58; Derselbe: Das Eigentum an den Produktionsmitteln, Berlin 1963, S. 32f.

[100] Vgl. Hans Georg Schweppenhäuser: Macht des Eigentums, Stuttgart 1970, S. 58f; Derselbe: Das Eigentum an den Produktionsmitteln, Berlin 1963, S. 33f. Als willkürlich in diesem Sinne ist gewiß die Schließung des Nokia-Werks Bochum am 30.06.2008 – trotz einem Betriebsergebnisgewinn für 2007 in Höhe von 134 Millionen EURO (pro Mitarbeiter 90.000 EURO) – anzusehen. Vgl. dazu z.B. http://www.tagesspiegel.de/wirtschaft/nokia-heute-hier-morgen-dort/6199526.html

[101] Paul Mason: Postkapitalismus. Grundrisse einer kommenden Ökonomie, Berlin 2016, S. 233.

(Habermas)[102] aus Wirtschaft und Staat erreichen diese Bereiche nicht entfremdeten Lebens nur ungenügend – und bisweilen gar nicht. Aus den Quellen dessen, was Jürgen Habermas autonome „Lebenswelt"[103] nennt, speisen sich sowohl die Neuen Sozialen Bewegungen, als auch die allerersten, sogenannten „Alternativprojekte"[104] (zumindest in ihrer Urform).[105] Daher sprach Klaus Gretschmann in seinem Werk über die Alternativökonomie als einer „Wirtschaft im Schatten von Markt und Staat"[106].

Viele sogenannte Alternativprojekte entwickelten sich zunächst auf Selbsthilfebasis. Dazu zählt auch das freie Schulwesen, welches gleichfalls auf dem Selbstverwaltungsansatz beruht.[107]

Angesichts eines erlebten Mangels öffentlicher Kinderbetreuung entstanden auch in der sogenannten ‚Kinderladenbewegung' immer mehr selbstverwaltete Projekte.[108] Anfänglich noch ehrenamtliche Tätigkeiten wurden im Laufe der Zeit stärker professionalisiert und manche entwickelten damit eine Basis für einen – wenn auch bescheidenen – Lebensunterhalt. Musterbeispiele dafür stellen im Bereich der ‚Neuen sozialen Bewegungen' das Alternativprojekt „Kölner-Eltern-Kinder-Selbsthilfe (KEKS) e.V." in Köln, und im Bereich der Ökonomie die Blätterwald e.G. in Oberursel (als Produktivgenossenschaft) und die ASH (Arbeiterselbsthilfe) Krebsmühle[109], gleichfalls in Oberursel, dar. Die beiden letzteren Alternativprojekte entwickelten sich denn auch folgerichtig zu selbstverwalteten Betrieben und stellten seit etwa 1984 die Herausgabe der „CONTRASTE – Zeitung für Selbstverwaltung"[110] sicher.

Das identitäre Prinzip oder auch Identitätsprinzip selbstverwalteter Betriebe sorgten gemeinsam mit dem Basisprinzip selbstverwalteter Betriebe für eine beginnende und schrittweise Kapitalneutralisierung.[111]

---

[102] Vgl. Jürgen Habermas: Theorie des kommunikativen Handelns, Band 2, Frankfurt a. M. 1995, S. 223f und C. West Churchman: Der Systemansatz und seine <Feinde>, Bern – Stuttgart 1981, S. 203ff.

[103] Vgl. Jürgen Habermas: Theorie des kommunikativen Handelns, Band 2, Frankfurt a. M. 1995, S. 171ff sowie Peter Ulrich: Transformation der ökonomischen Vernunft, Habilitationsschrift, Bern – Stuttgart 1986, S. 70ff.

[104] Vgl. dazu: Walter Hollstein/Boris Penth: Alternativprojekte, Reinbek bei Hamburg 1980 und Sebastian Unsinn: Die Utopie der Unternehmung. Kritik des Unvorstellbaren, München – Mering 1997, S. 9 („Was ist, verdankt sich, dass es ist, gegenwärtiger Erinnerung dessen, was gewesen ist. Das Sein bestimmt Seiendes als dessen Grund und dessen Wesen." Ebenda, S. 9).

[105] Die Entfremdung der die Menschen im Rahmen von Alternativ- und Selbsthilfeprojekten entfliehen resultiert nicht nur den politökonomischen System"zwängen", sondern auf einzelwirtschaftlicher Ebene auch dem Zustand, im System der Produktionsfaktoren nach Gutenberg lediglich als Objekt ausführungsbezogener Arbeit, oder aber als derivativ dem dispositiven Faktor (dem einzigen der Produktionsfaktoren mit Subjektbezug) unterstellte unselbständige „Rädchen im Getriebe" nach dessen Vorgaben zu funktionieren zu haben. Freiheit und Kreativität sind nicht erwünscht. Vgl. dazu etwa: Hartmut Wächter: Einführung in das Personalwesen, Herne – Berlin 1979, S. 56 – 58.

[106] Vgl. Klaus Gretschmann: Wirtschaft im Schatten von Markt und Staat. Grenzen und Möglichkeiten einer Alternativökonomie, Frankfurt a. M. 1983.

[107] Vgl. dazu: Walter Kugler: Selbstverwaltung als Gestaltungsprinzip eines zukunftsorientierten Schulwesens, Dissertation, Stuttgart 1981.

[108] Auch Schulen und Kindergärten können als ‚Betriebe' aufgefasst werden, wie Wilhelm Schmundt zeigt. Vgl. Wilhelm Schmundt: Der soziale Organismus in seiner Freiheitsgestalt, Dornach 1977, S. 91 – 92.

[109] Es existieren mehrere Veröffentlichungen zur ASH Krebsmühle. Daher hier eine kleine Auswahl davon: ASH Krebsmühle: Acht Jahre Betriebe in Selbstverwaltung 1984; ASH Krebsmühle: Alternative Arbeitsorganisation – auch anders arbeiten und wie? In. Verband der selbstverwalteten Betriebe Rhein-Main-Neckar-Lahn (Hg.): Projektmesse 1984, Frankfurt a. M. 1984; Karl Bergmann/Christoph Schröter: Er geht voll ab, der Öko-Punk… In: Verband der selbstverwalteten Betriebe Rhein-Main-Neckar-Lahn (Hg.): Projektmesse 1984, Frankfurt a. M. 1984; Irene Reifenhäuser: Die Arbeiterselbsthilfe (ASH) Frankfurt – ein Betrieb in Selbstverwaltung. In: Theo Bühler/AGG (Hg.): Wer (A)lternativ sagt, muß auch (B)ewegung sagen, Bonn 1981.

[110] http://www.contraste.org/Archiv/index.htm

[111] Vgl. Marlene Kück: Betriebswirtschaft der Kooperative, Stuttgart 1989, S. 17 – 18.

21

Dabei waren weniger theoretische Erwägungen, als vielmehr ganz praktische Überlegungen ausschlaggebend, wie es gelingen könne eine kollektive Unternehmensführung zu praktizieren.[112]

Größtenteils unabhängig davon entwickelten sich in den Wirtschaftswissenschaften seit den 50er Jahren theoretische Vorstellungen zur Ausgestaltung der Kapitalneutralisierung.[113] Erste ausgearbeitete Gedanken hierzu gehen auf Rudolf Steiner, den Begründer der Anthroposophie, zurück. Dieser formulierte seine Grundüberlegungen hierzu bereits seit 1919[114] sowie in den 20er Jahren des letzten Jahrhunderts. Doch auch hierzu gab es bereits Vorläufer, wie Fourier, welche wesentliche Überlegungen hierzu bereits vorwegnahmen.[115]

4. Die Idee der Kapitalneutralisierung nach Ota Sik
4.1. Idee

Die Genese der Idee der Kapitalneutralisierung nach Ota Sik ist dem sogenannten „Prager Frühling" (im Jahre 1968) zuzurechnen.

Ota Sik war einer der führenden Reformer in der damaligen CSSR, welche versuchten einen Sozialismus „mit menschlichem Anlitz" zu realisieren. Die dortigen Ansätze einer schrittweisen Konvergenz zwischen Marktwirtschaft und Planwirtschaft wurden jedoch durch den Einmarsch der Sowjetunion mit einem Schlag unterbunden.[116] Später war Ota Sik Professor für Wirtschaftstheorie an der Hochschule St. Gallen (Schweiz).

Als Hochschullehrer hatte Ota Sik Gelegenheit seine Reformideen in modifizierter Form jenseits des „eisernen Vorhangs" zu präsentieren:

"Als entscheidend erscheint uns allerdings die Überwindung der Kapitalentfremdung der Lohnempfänger und des Gegensatzes zwischen Lohn- und Kapitalinteressen, aus denen die Verteilungskämpfe entstehen. Solange diese Situation bleibt, ist eine Überwindung der kapitalistischen zyklischen Entwicklung mit allen ihren Folgen schwer denkbar. Die Lösung wird jedoch höchstwahrscheinlich in großen Konzernen anders sein, als in mittleren oder kleinen Unternehmen, in Aktiengesellschaften anders als in Personenunternehmen, und dies nicht nur in der Form, sondern auch in der Zeit. Am wichtigsten schien uns die Ausarbeitung

---

[112] Vgl. dazu: Benediktus Hardorp: Führung ohne Hierarchie? In: Der Wirtschaftsprüfer als Unternehmensberater. Festschrift für Max Horn, Ulm 1974, S. 108 – 127 und Klaus Gretschmann: Wirtschaft im Schatten von Markt und Staat, Frankfurt a.M. 1983, S. 77 – 80 sowie Joseph Huber: Das Unternehmen. Modell einer selbstverwalteten Wirtschaft. In: Kursbuch 53 (1978), S. 145 – 171.

[113] Von diesen Ideen zur Kapitalneutralisierung soll in Kapitel 4 und in Kapitel 5 die Rede sein.

[114] Vgl. Rudolf Steiner: Die Kernpunkte der sozialen Frage. Mit einem Nachwort von Otto Schily, Dornach 1996, S. 124 – 127. „Das Eigentum hört auf, dasjenige zu sein, was es bis jetzt gewesen ist. Und es wird nicht zurückgeführt zu einer überwundenen Form, wie sie das Gemeineigentum darstellen würde, sondern es wird fortgeführt zu etwas völlig Neuem. Die Gegenstände des Eigentums werden in den Fluß des sozialen Lebens gebracht. Der einzelne kann sie nicht aus seinem Privatinteresse heraus zum Schaden der Allgemeinheit verwalten; aber auch die Allgemeinheit wird sie nicht zum Schaden der einzelnen bureaukratisch verwalten können; sondern der geeignete einzelne wird zu ihnen den Zugang finden, um durch sie der Allgemeinheit dienen zu können." (Ebenda, S. 125 – 126). Vgl. auch: Franziskus M. Ott: Befristetes Eigentum als Resultat empirischer Rechtsanschauung, Dissertation, Zürich 1977.

[115] Vgl. Luise Gubitzer: Geschichte der Selbstverwaltung, München 1989, S. 74.

[116] Vgl. Ota Sik: Bürokratisierung oder Humanisierung?, Achberg 1973, S. 42ff.

22

einer Eigentumsform, bei der ein politisch programmierter, allmählicher Übergang zu einer *Neutralisierung des Kapitaleigentums* möglich wäre."[117]

Für die Situation Deutschlands erscheint es angemessen sich hinsichtlich der Unternehmensgröße an den Vorgaben des Handelsgesetzbuches (HGB) zum Indikator „Beschäftigte" zu orientieren. Danach gilt als Großbetrieb, wer mehr als 250 Beschäftigte aufweisen kann, als Mittelbetrieb, wer mehr als 50 Beschäftigte, aber weniger als 250 Beschäftigte aufweist und als Kleinbetrieb, wer bis zu 50 Beschäftigte aufweisen kann.[118]

"Unter Neutralisierung des Kapitaleigentums verstehen wir den Aufbau einer Eigentumsform, bei der das Eigentum am Kapital eines Unternehmens nicht mehr an einzelne Personen gebunden und auch nicht mehr zwischen einzelnen Personen aufteilbar ist. Träger des Eigentums ist das jeweilige Produktionskollektiv einer (…) Firma. Das Kollektiv, als Vermögensverwaltungsgesellschaft bezeichnet, hat nicht das Recht, das Kapital unter sich aufzuteilen. Es bildet nur die Interessensbasis für eine rechtlich (statutarisch) bestimmt Verwaltung des Kapitals durch ein gewähltes Gremium. Die Vermögensverwaltungsgesellschaft verwaltet das Vermögen treuhänderisch und überlässt es der Betriebsführungsgesellschaft zur effektiven produktiven Benutzung. Die Verfügungsmacht Einzelner über das Kapital, ebenso wie die individuelle Kapitalansammlung und damit verbundene Beeinflussungen können nicht mehr entstehen. Wir bezeichnen Unternehmen, die aufgrund eines derart neutralisierten Kapitals funktionieren als *Mitarbeitergesellschaften*."[119]

Diese Mitarbeitergesellschaften bilden die Basis, um die Kapitalnutzung vom Einzelnen Arbeiter bzw. Angestellten zu verlagern auf das gesamte Produktionskollektiv. Dieses lässt eine Fluktuation der Arbeitskräfte ohne weiteres zu.

"Ein so neutralisiertes Kapital bedeutet jedoch nicht, dass die ökonomischen Interessen an seiner optimalen Nutzung beseitigt wären. Das ökonomische Interesse an der Kapitaleffektivität entsteht durch die Aneignung bestimmter Gewinnteile, die aus der Kapitalnutzung entstehen, durch die Mitglieder der Mitarbeitergesellschaft. In einer Mitarbeitergesellschaft bildet das Produktionskollektiv gleichzeitig eine Produktionsinstitution, die auf bestimmte Weise die Organisation der Produktion, ihre Leitung, Aufteilung, Zusammenspiel usw. realisiert. Diese Produktionsorganisation bezeichnen wir als *Betriebsführungsgesellschaft*. Eine *Mitarbeitergesellschaft* besteht also aus einer einer *Vermögensverwaltungs-* und einer *Betriebsführungsgesellschaft*. Die soziale Basis beider bildet das jeweilige Produktionskollektiv (Belegschaft), welche das alleinige Recht hat, die Organe beider Gesellschaften zu wählen, zu kontrollieren und eventuell auch abzuberufen."[120]

Die Gewinnverteilung findet von dem Betriebsergebnis nach Steuern statt, abzüglich investiver Gewinnanteile (die dem Aufbau der Kapitalmehrheit des Betriebskollektivs durch Eigenkapital mittels Kapitalerhöhung dienen, z. B. jährlich 10 % des Gewinnanteils). Dieser Gewinnanteil wird also nicht zu konsumptiven Zwecken ausgeschüttet. Ein weiterer Teil des Gewinns wird dabei direkt an die einzelnen Mitglieder der Belegschaft und an weitere Anteilsinhaber als deren Einkommensbestandteil ausgeschüttet.

---

[117] Ota Sik: Humane Wirtschaftsdemokratie. Ein Dritter Weg, Hamburg 1979, S. 403 – 404.
[118] Volker Happe/Gustav Horn/Kim Otto: Das Wirtschaftslexikon, Bonn 2009, S. 288.
[119] Ota Sik: Humane Wirtschaftsdemokratie. Ein Dritter Weg, Hamburg 1979, S. 404.

[120] Ebenda, S. 405.

Die Eigentumsform der Kapitalneutralisierung soll also ohne Enteignung entstehen. Es genügt, wenn schließlich 51 % der Anteile am Eigenkapital auf die Mitarbeitergesellschaft entfallen. Zugleich wird durch die im Endergebnis 49 % der Anteile haltenden Fremdinvestoren die Kapitalbasis des Unternehmens gestärkt. Diese Anpassung des Konzepts der Mitarbeitergesellschaft erfolgte aber erst durch einen unveröffentlichten Vortrag durch Ota Sik 1989 in Ungarn.[121]

„Neuere wissenschaftliche Forschungen deuten an, dass größere Arbeitszufriedenheit und Bedingungen, in denen der Mensch sich vielfältiger, aktiver und initiativer entfalten und realisieren kann, nicht nur nicht gegen das Effektivitätsprinzip gerichtet sind, sondern die ökonomische Effektivität noch erhöhen. Diese Erkenntnis spielt eine wichtige Rolle auch bei der Forderung nach einer neuen Eigentumsbeziehung der arbeitenden Menschen zu ihren Unternehmen und bei der Überwindung ihrer Entfremdung diesen Produktionsstätten gegenüber. Sie geht von der Erkenntnis aus, dass der arbeitende Mensch an der Effektivitätssteigerung der Unternehmen interessiert sei und eine Mitverantwortung dafür tragen soll. Dabei wird die Arbeitszufriedenheit wachsen, und es werden neue Möglichkeiten aktiver Beteiligung an den Entscheidungsvorgängen im Unternehmen entstehen."[122]

Immer dann, wenn, wie in herkömmlichen kapitalistischen Unternehmen „Konflikte zwischen Lohn- und Gewinninteressen bestehen, sind auch Lohnkämpfe nicht zu vermeiden. (…) Erst wenn die Gewinnaufteilung in den Unternehmen von den Mitarbeitern mittels gewählter Vertreter direkt kontrolliert werden kann und ein festgelegter Prozentsatz als Gewinnbeteiligung ihnen direkt zukommt, kann die Gewinnentfremdung allmählich überwunden werden."[123]

4.2. Praktische Resultate

Wie häufig, wenn Querdenker erstaunliche Ideen ersinnen, wurde auch Ota Sik sowohl von orthodoxen Marxisten, als auch von überzeugten Marktwirtschaftlern wegen seines Konzepts der Kapitalneutralisierung angegriffen. Gesetzesinitiativen in die von ihm angedachte Richtung unterblieben denn auch. Zu ungewohnt war diese neue Idee für die Cheftheoretiker beider Lager. Dies änderte sich auch nicht nach dem Zusammenbruch des Kommunismus in Osteuropa.

"Folgendes ist typisch:
1. Das jeweils eigene System wird nicht im geringsten in Frage gestellt. Der Leser soll über die von Sik analysierten systeminhärenten Mängel gar nicht viel nachdenken; denn diese Mängel existieren, gemäß der eigenen Theorie, nicht;
2. Alles in Siks' Büchern stehende ist unrichtig. Seine Theorien haben keinen Erkenntniswert und müssen demzufolge vollumfänglich abgelehnt werden;
3. Die Ablehnung der Reformtheorien geschieht nicht aufgrund ihrer Konfrontation mit der Realität, sondern aufgrund von Hinweisen auf Theorien <<anerkannter Größen>> (dort: Marx, Engels, Lenin usw., hier: Hayek, Wicksell, Eucken usf.). Siks' Ansichten widersprechen den <<anerkannten>> Theorien, und er muß daher Unrecht haben;
4. Sik wird vorgeworfen, nicht zuerst alle anderen Theorien widerlegt zu haben, bevor er seine eigenen Theorien entwickelt. Die Wissenschaftlichkeit seines Reformkonzeptes soll mit

---

[121] Vgl. Kap-Suhn Choi: Das Modell der „Kapitalneutralisierung", Dissertation, Frankfurt a.M. 1994, S. 23.
[122] Ota Sik: Ein Wirtschaftssystem der Zukunft, Berlin – Heidelberg – New York – Tokyo 1985, S. 67 – 68.
[123] Ota Sik: Wirtschaftssysteme – Vergleiche – Theorie – Kritik, Berlin – Heidelberg – New York – London – Paris – Tokyo 1987, S. 184.

diesem Vorwurf in Frage gestellt werden, obwohl die <<Kritiker>> wissen, dass dies in einem volkswirtschaftlichen Systementwurf, der alle volkswirtschaftlichen Teilgebiete, heute hunderte verschiedener Theorien, umfasst, praktisch unmöglich ist;
5. Die <<Kritik>> muß auf jeden Fall zu beweisen versuchen, dass Sik Theorien bekämpfter, im eigenen System verpönter Ökonomen übernommen hat, auf welche seine Systemkritik zurüchzuführen ist. Er wird also von den einen als <<Marxist>> und von den anderen als <<antimarxistischer Revisionist>> abgestempelt;
6. Die <<Kritik>> muß auf jeden Fall zu der Schlussfolgerung kommen, dass die Realisierung des Reformmodells von Sik zur Zerstörung des eigenen, als einzig richtig angesehenes Systems, führen müsste und einen Übergang in ein <<funktionsunfähiges>>, gefährliches Chaos bedeuten würde."[124]

Die Kritik an Ota Sik ist wohl vor allem deshalb so vehement, da er über die Kapitalneutralisierung hinaus weitere wesentliche Reformansätze, wie z.B. eine makroökonomische Rahmenplanung, in sein Konzept integriert hat, und damit einen völlgültigen <<Dritten Weg>> vorausgedacht hatte.

4.3 Würdigung dieses Ansatzes

Es ist jedoch auffallend, dass die Reformansätze zur Kapitalneutralisierung, wenn sie denn praktiziert werden, wie etwa im „Modell HOPPMANN"[125], welches aus ähnlichen Elementen besteht, durchaus praktikabel sind und am Markt bestehen können.

Problematisch an Ota Siks Modell ist jedoch, dass es – sofern man ihm in jedem Detail folgt - nicht ohne weitgehende gesetzgeberische Reformen[126] auskommt und daher gesellschaftlich-sozialpolitisch betrachtet als Top-Down-Modell[127] anzusehen ist.

Ein Schwachpunkt an Ota Siks' Überlegungen ist auch, dass es in seinem Modell nur bei Großunternehmen zu einer vollen Kapitalneutralisierung kommt, während Mittelbetriebe (teilweise) und Kleinbetriebe ganz davon ausgenommen sind.

Mangels geeigneter Begriffe wird eine Marktwirtschaft mit Kapitalneutralisierung als „sozialistische Marktwirtschaft" bezeichnet.[128] Allerdings geben die Autoren zu: „Die in der Wirklichkeit zu beobachtenden Wirtschaftsordnungen stellen Mischformen dar (…)."[129]

---

[124] Derselbe, a.a.O., S. 197.

[125] Vgl. z.B. Hartmut Wächter: Möglichkeiten und Grenzen der Wirtschaftsdemokratie: Der Fall Hoppmann. In: Zeitschrift für Personalforschung (ZfP), Jahrgang 24 (2010), Nr. 1, S. 7 – 28.

[126] Vgl. Kap-Suhn Choi: Das Modell der „Kapitalneutralisierung", Dissertation, Frankfurt a.M. 1994, S. 32ff. „Alle Großunternehmen sind ferner gesetzlich verpflichtet, in Zukunft die vom Restgewinn abgeführten Beträge bei einer Kapitalerhöhung gegen Einlagen gem. § 182 I S. 1 und S. 4 AktG als Einlagemittel zu verwenden und die daraus entstehenden neuen Anteilsrechte an den betrieblichen Kollektivfonds zu übertragen." (Ebenda, S. 32).

[127] Vgl. die einzelwirtschaftliche Sichtweise bei Günter Wöhe/Ulrich Döring: Einführung in die Allgemeine Betriebswirtschaftslehre, München 2008, S. 88 und bei Ekkehard Leichert: Betriebliche Planung, Wiesbaden 1994, S. 44f.

[128] Vgl. Ulrich Baßeler/Jürgen Heinrich/Burkhard Utecht: Grundlagen und Probleme der Volkswirtschaft, Stuttgart 2010, S. 30.

[129] Ebenda, S. 30.

Einteilung der Wirtschaftssysteme nach Eigentumsordnung und Koordinationsprinzip

Koordinationsprinzip \ Eigentumsordnung	Privateigentum an Produktionsmitteln	Gemeineigentum an Produktionsmitteln
Dezentrale Planung	Kapitalistische Marktwirtschaft	Sozialistische Marktwirtschaft
Zentrale Planung	Kapitalistische Zentralverwaltungswirtschaft	Sozialistische Zentralverwaltungswirtschaft

Abbildung aus: Ulrich Baßeler/Jürgen Heinrich/Burkhard Utecht: Grundlagen und Probleme der Volkswirtschaft, Stuttgart 2010, S. 30

5. Die Idee der Kapitalneutralisierung nach Folkert Wilken
5.1. Idee

Folkert Wilken wurde vor dem 2. Weltkrieg (1936) Professor für Nationalökonomie an der TU Dresden. Doch aufgrund seiner Mitgliedschaft in der Anthroposophischen Gesellschaft wurde ihm die Berufung auf diesen Lehrstuhl 1939 aberkannt.
Erst nach dem Ende des 2. Weltkriegs gelang es ihm wieder rehabilitiert zu werden. Er wurde ordentlicher Professor an der Universität Freiburg.
Der Schwerpunkt seines Wirkens für Wirtschaftsreformen im Sinne der Dreigliederung des sozialen Organismus[130] lag in den fünfziger bis siebziger Jahren des letzten Jahrhunderts.
Dazu zählte auch sein Einsatz für die Kapitalneutralisierung in Unternehmen.

„Wird die freie Kapitalbildung einmal in ihrem Wesen und in ihrem Ursprunge voll erfasst sein, dann wird es eine allgemeine Überzeugung bilden, dass es nicht geschehen darf, dass der Betriebsinhaber automatisch das Eigentum an dem in seinem Betriebe anfallenden Kapital erhält. Es hatte durchaus seinen Sinn, dass die Abschaffung des Eigentums an den Produktionsmitteln zum Grundgedanken des proletarischen Sozialismus erhoben wurde. (…) Ein wahrer Bruderkampf ist (…) entfesselt worden für die Frage, wem das Kapital gehören soll, nachdem es die Unternehmer an sich gerissen hatten und damit persönliche Machtstellungen begründet hatten.
Trotzdem kann nicht allgemein gesagt werden, dass der Unternehmer grundsätzlich und vollständig vom Eigentum am Kapital ausgeschlossen sein müsste. Weder befindet sich das eine Extrem im Rechte, welches dem Unternehmer alle Ansprüche auf das Kapital abspricht, wie die Sozialisten es tun, noch das andere Extrem, welches dem Unternehmer alle Ansprüche auf das ganze Kapital zuspricht, wie es die liberale Nationalökonomie zu tun pflegt.“[131]

Es ist daher ein entscheidender Grundgedanke, den Folkert Wilken hier entwickelt, dass das Kapital sowohl dem Arbeitsleiter, als auch dem Arbeitsleister zusteht.

---

[130] Vgl. Christoph Strawe: Sozialimpulse. Zu Entstehungsbedingungen und Wirkungsgeschichte des Arbeitsansatzes der Dreigliederung des sozialen Organismus. In: Rahel Uhlenhoff (Hg.): Anthroposophie in Geschichte und Gegenwart, Berlin 2011, S. 649 – 704 sowie Stefan Leber: Selbstverwirklichung, Mündigkeit, Sozialität. Eine Einführung in die Idee der Dreigliederung des sozialen Organismus, Frankfurt a.M. 1982.

[131] Folkert Wilken: Selbstgestaltung der Wirtschaft, Freiburg i. Br. 1949, S. 166 – 167.

„Wenn in richtiger Weise über diese verschiedenen Verfügungsmöglichkeiten des Gewinnkapitals, also nicht nur der freien, sondern auch der erzwungenen Kapitalbildung, entschieden werden soll, müssten gesellschaftliche Instanzen, Korporationen gebildet werden, an die die Eigentumsrechte am Gewinnkapital in der Weise provisorisch übertragen werden, dass sie t r e u h ä n d e r i s c h , also nicht im eigenen Interesse das Eigentum definitiv an diejenigen übertragen, die den sozial richtigen Anspruch darauf haben oder den wirtschaftlich notwendigen Gebrauch von ihm machen. Das an solche Korporationen der Kapitalverwaltung übertragene provisorische Eigentum am Gewinnkapital besitzt den Charakter eines Kollektiveigentums."[132]

Was aber ist zu tun, wenn solche „Kapitalverwaltungsgesellschaften"[133] noch nicht existieren? Dann müsste das Kapital z.B. an uneigennützige Rechtsformen, wie etwa Stiftungen fließen?[134]
Ein britischer Unternehmer und Quäker mit Namen Ernest Bader[135] zog deshalb Anfang der fünfziger Jahre Folkert Wilken in sein Vertrauen und ließ sich von ihm Ideen zur konkreten Neutralisierung des Kapitals ausarbeiten. Daraus entstand eine jahrelange Zusammenarbeit. Über die gefundenen Lösungen für dieses Unternehmen äußerte sich Wilken vielfach:

"Man kann jedoch eine solche Neutralisierung auch im betrieblichen Rahmen durchführen. So hat die englische Kunstoff-Fabrik <<Scott Bader & Co Ltd.>> neben der Unternehmung ein besonderes, r e c h t l i c h s e l b s t ä n d i g e s G e m e i n w e s e n gegründet, einen Commonwealth, auf den der gesamte Gewinn im üblichen Sinne, also das, was nach Auszahlung der Löhne, Gehälter und auch des Unternehmerlohnes verbleibt, übertragen wird. Dem Commonwealth gehören der Unternehmer, das sonstige Management und alle Arbeiter und Angestellten an, wobei jedem nur eine Stimme zusteht. Über den Gewinn wird verfügt in folgenden Richtungen: ein Teil für den Staat in form von Steuern, ein Teil für Investitionszwecke, ein Teil als Bonus für die Belegschaft, ein Teil für kulturelle Zwecke, ein Teil für caritative Zwecke und schließlich auch eine freiwillige Zuwendung an die Gemeinde, in welcher das Unternehmen steht. Das Kapital ist nach und nach vollständig in das Commonwealth eingebracht worden. Wenn eine genügende Anzahl von Unternehmern diesen oder einen ähnlichen Weg einschlüge, könnte System in eine solche Gewinnverteilung gebracht werden. (…)
Es kommt auf diesem Gebiete alles auf die Einsicht und auf die Überwindung der egoistischen Triebkräfte durch moralische Willenskräfte an. Nur diese letzteren würden wahre Freiheitskräfte sein und ein wirkliches soziales Ordnungselement in die Wirtschaft, die sich heute nur zum Teil als freie bezeichnen darf, hineintragen."[136]

---

[132] Folkert Wilken: Die Entmachtung des Kapitals durch neue Eigentumsformen, Freiburg i.Br. 1959, S. 32.
[133] Folkert Wilken: Die Befreiung der Arbeit, Freiburg i.Br. 1965, S. 50.
[134] "Eine solche Unternehmensform könnte z.B. aus einer Neubelebung des wirtschaftlichen (handelsrechtlichen) Vereins entstehen, der auch heute rechtlich zulässig ist, aber wenig im Gebrauch ist. Die Sonderformen des unternehmerischen Vereinsrechtes – die Aktiengesellschaft, die GmbH, die Genossenschaft mit ihren persönlichen Eigentumsformen am Unternehmen – haben den wirtschaftlichen Verein, der solche persönlichen Eigentumsformen am Unternehmen selbst nicht kennt, überwuchert und – zu Unrecht – in Vergessenheit geraten lassen. Der wirtschaftliche Verein wäre aber in der Lage, das Eigentum an Produktionsmitteln durch sich selbst – ohne konsumbezogenes Besitzelement – zu verwalten, wenn gesichert wird, dass es ein persönliches Vermögensrecht der Mitglieder des Vereins am Vereinsvermögen – wie es dem Vereinsrecht vom Ansatz her entspricht – nicht gibt." (Benediktus Hardorp: Kapitalverwaltung – eine Aufgabe des Geisteslebens. Zeitbedeutung und Gestaltungsansätze. In: Karl-Martin Dietz/Wolfgang Kilthau: Geisteswissenschaft und Gesellschaftsgestaltung, Dornach 1987, S. 83.
[135] Vgl. Susanna Hoe: The Man who Gave his Company Away, London 1978, S. 111 und Robert Oakeshott: Inspiration & Reality, Wilby – Norwich 2001, S. 384.

[136] Folkert Wilken: Die Befreiung der Arbeit, Freiburg i. Br. 1965, S. 50 – 51.

5.2. Praktische Resultate

Wie man sieht, wird dieses Unternehmen, nämlich das Scott Bader Commonwealth, als Musterbeispiel für eine Kapitalneutralisierung in Folkert Wilkens' Sinne angeführt.

Dies ist aber nicht weiter verwunderlich, denn Ernest Bader, der Begründer dieses Unternehmens holte sich – wie bereits ausgeführt - vor seiner Unternehmensreform Rat bei Folkert Wilken, der ihm die entscheidenden Impulse für die soziale Gestaltung des Unternehmens-Gemeinwesens gab.

Auch weitere sozialnützig gedachte Unternehmen holten sich Rat bei Folkert Wilken, der zwar im Unterschied zu Ota Sik von der Fachpresse nahezu totgeschwiegen wurde, aber dessen Ideen sich praktisch fortpflanzten.

„In seinem Buch <<Die Befreiung der Arbeit>> hat Folkert Wilken vor allem in dem ersten Kapitel: <<Der Arbeitsmarkt, eine wirtschaftliche Unmethode und ein sozialer Irrweg>> in einer eindringlichen Weise die Enthumanisierung der Arbeit durch den Laborismus der beiden ökonomischen Systeme dargestellt."[137]

Die erlebte soziale Realität in Unternehmen reicht „vom selbstsüchtigen Trieb-Erleben bis zu einem selbstlosen Mitempfinden der Lebensnotwendigkeiten der anderen Menschen. (…) Unter solchen Gesichtspunkten wird man die im folgenden skizzierten fünf Stufen des menschlichen Sozialverhaltens vielleicht besser verstehen. Beginnend mit der absolut negativen Stufe bis zur Stufe der höchsten Menschlichkeit, muß man sich bewusst sein, dass die Elemente der einzelnen Stufen im Einzelfall auch nebeneinander bestehen können. Es gibt also:
1. ein äußerliches Zusammenarbeiten bei gespannten menschlichen Beziehungen, in deren Untergründen eine *antisoziale Gesinnung* lebt;
2. gleichgültige menschliche Beziehungen, ein äußerlich korrektes Wohlverhalten; nur Verantwortung des Arbeitsplatzes; im Ganzen eine *sozial indifferente Gesinnung*;
3. die *soziale Gesinnung I. (unteren) Grades.* Freundliches und wohlwollendes Miteinanderwirken, fähig zu sachlicher Verantwortung im Rahmen des Betriebsganzen. Es besteht eine unverbindliche Herzlichkeit, eine *menschenfreundliche Gesinnung*, welche die Engländer mit dem Wort <<kindness>> ausdrücken;
4. die *soziale Gesinnung II. (höheren) Grades.* Interesse am anderen Menschen; Gemeinschaftsempfinden; fähig zu gemeinschaftlicher Verantwortung und zu einem objektiven Gemeinsinn. *Gemeinschaftsgesinnung*;
5. die *soziale Gesinnung (höchsten) Grades.* Menschliche *Brüderlichkeit.* Die Eigenschaften von Stufe 4 (Gemeinschaftsverantwortung und objektiver Gemeinsinn) werden ins Gesamtmenschliche erweitert. Eine überpersönlich gewordene menschheitliche Verantwortung. Nur auf dieser Stufe ist der Ausdruck <<Brüderlichkeit>> anwendbar. Die *brüderliche Gesinnung* verkörpert das methodische Ideal aller Wirtschaftsgestaltung."[138]

5.3. Würdigung dieses Ansatzes

Da Folkert Wilkens' Kapitalneutralisierungsmodell ohne jede gesetzgeberische Aktivität –

---

[137] Hans Georg Schweppenhäuser: Das soziale Rätsel in den Wandlungen der Individuen und der Gesellschaften der Neuzeit, Dornach 1985, S. 232.
[138] Folkert Wilken: Das Kapital. Sein Wesen - seine Geschichte - und sein Wirken im 20. Jahrhundert, Schaffhausen 1976, S. 256 – 257.

und damit ohne Zwang – auskommt, daher ist es gesellschaftlich-sozialpolitisch betrachtet als Bottom-up-Modell[139] anzusehen.

Damit wird Folkert Wilkens' Kapitalneutralisierungsansatz anschlussfähig an all die unzähligen Reformunternehmungen, welche sich eine Verbesserung der wirtschaftlichen und sozialen Lebensbedingungen zum Ziel gesetzt haben.

Sein letztes erschienenes Buch widmete Folkert Wilken der assoziativen Bedarfsdeckungswirtschaft.[140]

"Wenige Monate vor seinem Tode erschien der letzte Band seines umfassenden Werkes über das Kapital. In seiner Rede bei der Kremation schloss der Prodekan der Universität Freiburg, Werner Ehrlicher, mit den Worten: <<Folkert Wilken hat ein wissenschaftliches Werk geleistet, das die Geschichte des menschlichen Geistes bereichert hat, – er war ein Lehrer, der im Vortrag seiner Gedanken nicht dogmatisch belehrt hat, sondern der in seiner Lehre immer wieder Anstoß geben wollte, über die Bedingungen unseres Daseins nachzudenken – er war ein Kollege, dessen bedächtige Toleranz die Aufgeregtheit unserer Zeit vergessen ließ und unaufdringliche Menschlichkeit verbreitete.>>"[141]

6. Synthese beider Ansätze
6.1. Das Aufeinandertreffen beider Ideen in der Achberger Schule

Heute bezeichnet der Begriff „Achberger Schule" eine Gruppierung von Unternehmen, die ursprünglich in der „Aufbauinitiative Aktion Dritter Weg" zusammengefasst waren. Derzeitige aktive Vertreter der Achberger Schule sind u.a. Gerhard Schuster, Jochen Abeling, Peter Schata und Michael W. Bader.[142]

Das Aufeinandertreffen der beiden Ausformungen der Idee der Kapitalneutralisierung, repräsentiert durch Ota Sik und Folkert Wilken, fand in der Begründungszeit der Achberger Initiativen statt:

„Anfang Mai 1973 hat sich im Zusammenhang mit dem Internationalen Kulturzentrum Achberg (bei Lindau am Bodensee) eine **Internationale Sozialwissenschaftliche Gesellschaft (ISG)** begründet, der Persönlichkeiten aus mehreren europäischen und aussereuropäischen Ländern angehören.
Ihre allgemeine Aufgabe sieht die ISG darin solche wissenschaftliche Bemühungen (Forschung, Lehre und Studium) zu fördern und zu unterstützen, die sich mit der Erarbeitung von Vorschlägen zur Lösung der grossen sozialen Probleme unserer Zeit beschäftigen. Da diese Probleme bisher ganz offensichtlich weder auf den Wegen des kapitalistischen noch auf denen des kommunistischen Systems gelöst werden konnten, wird es sich in erster Linie um Bemühungen eines **dritten Weges** handeln müssen.
Ihre spezielle Aufgabe sieht die Gesellschaft darin, unter Mitarbeit führender Gesellschaftswissenschaftler im Rahmen des Internationalen Kulturzentrum Achberg ein

---

[139] Vgl. die einzelwirtschaftliche Sichtweise bei Günter Wöhe/Ulrich Döring: Einführung in die Allgemeine Betriebswirtschaftslehre, München 2008, S. 88 und bei Ekkehard Leichert: Betriebliche Planung, Wiesbaden 1994, S. 45.
[140] Vgl. Folkert Wilken: Das Kapital und die Zukunft. Die assoziative Bedarfsdeckungswirtschaft, Schaffhausen 1981.
[141] http://biographien.kulturimpuls.org/detail.php?&id=776

[142] Vgl. Michael W. Bader: Jenseits von Kapitalismus und Kommunismus. Theorie und Praxis des Wirtschaftsmodells der Achberger Schule, Berlin 2016, S. 21 (siehe auch Fußnote 23, ebendort).

<<**Freies Institut für Sozialforschung und Entwicklungslehre**>> aufzubauen. Die Mitarbeiter des Instituts bilden eine freie Forschungsgemeinschaft."[143]

Dass dieser Aufruf auf Anklang stieß lässt sich der Unterschriftenliste unter die Begründung des Freien Instituts ersehen. Dort sind Wissenschaftler, Sozialforscher, Praktiker und Künstler aus ganz Europa versammelt. Darunter insbesondere Exponenten des Dritten Weges (u.a. Emigranten aus der CSSR) und auch Exponenten des anthroposophischen Sozialimpulses.[144]

Hans-Georg Schweppenhäuser[145] zählte zwar nicht zu den Mitunterzeichnern, wirkte aber dennoch mit.

Insbesondere finden sich darin die jeweiligen Mitarbeiter um Ota Sik und um Folkert Wilken wieder:

Der Grundstock einer Bibliothek, ca. 2000 Bände, wurde dem Institut von einem Mitarbeiter geschenkt. Für jeden weiteren Beitrag zum Ausbau dieser Anfangsbasis sind wir dankbar.*

Achberg, im August 1973

Günter Bartsch, Senne; Prof. Joseph Beuys, Düsseldorf; Prof. Dr. G. Böhme, Frankfurt; Drs. Alexander Bos, Zeist; Prof. Dr. Dieter Brüll, Amsterdam; Prof. Dr. Ivan Bystrina, Berlin; Prof. Dr. Walter Dirks, Wittnau; Prof. Dr. Dr. Ossip K. Flechtheim, Berlin; Wilfried Heidt, Achberg; Prof. Dr. Leif Holbaek-Hanssen, Bergen/Norw.; Dr. Vladimir Horsky, Heidelberg; Prof. Dr. Arthur Jores, Hamburg; Dr. Heinz Kloss, Mannheim; Prof. CSc. Jiri Kosta, Frankfurt; Dr. Vladimir Kusin, Glasgow; Dr. Hans Erhard Lauer, Basel; Prof. Dr. Eugen Löbl, New York; Dr. Adolf Müller, Köln; Dr. Wilm K. Pabst, Berlin; Dr. Ivan Pfaff, Rüfenacht; Dr. Josef Pokstefl, Heidelberg; Peter Schilinski, Achberg; Prof. Dr. Radoslav Selucký, Ottawa; Prof. Dr. Ota Sik, St. Gallen; Prof. Dr. Ivan Sviták, Chico/Kalif.; Prof. Dr. Peter Tlach, Bern; Dr. Boris Tullander, Uppsala; Prof. Dr. Lothar Udert, Bochum; Prof. Dr. Egbert Weber, München; Prof. Dr. Folkert Wilken, Freiburg/Brsg.; Hartwig Wilken, Bochum; Siegfried Woitinas, Stuttgart

* Alle diejenigen, die in der geschilderten Initiative etwas Berechtigtes und Notwendiges sehen, bitten wir, die beiliegende Karte ausgefüllt an das "Freie Institut" zurückzuschicken.

---

[143] o.Verf.: Anhang zu: Ota Sik: Bürokratierung oder Humanisierung?, Achberg 1973, S. I – XV (nach S. 48).

[144] Vgl. zu letzterem: Dieter Brüll: Der anthroposophische Sozialimpuls, 2. Aufl., Dornach 2012.

[145] Vgl. auch: Hans Georg Schweppenhäuser: Das kranke Geld. Vorschläge für eine soziale Geldordnung von morgen, Frankfurt a.M. 1982.

Abbildung aus: o.Verf.: Anhang zu: Ota Sik: Bürokratierung oder Humanisierung?, Achberg 1973, S. XV

Ota Sik erzählt: „Im Juni 1973 habe ich neue Kontakte zu einer Gruppe von Menschen geknüpft, die sich in Achberg bei Lindau in der Bundesrepublik in einem Internationalen Kulturzentrum zusammengefunden haben. Sie kamen aus unterschiedlichen Bewegungen, aus den Reihen anthroposophisch ausgerichteter Denker, aus ehemaligen Studentengruppen der 68er Jahre, aus unzufriedenen sozialdemokratischen Jugendkreisen und so weiter. Sie interessierten sich vor allem für eine gesellschaftliche Entwicklung jenseits von Kommunismus und Kapitalismus, für einen <<Dritten Weg>> also. Nun hatten sie sich hier zusammengetan, organisierten sozialökonomische, politische, philosophische Vorträge und Seminare für diverse Interessensschichten, bildeten die verschiedensten Kunst-, Kunstgewerbe-, Erziehungs-Zirkel und ähnliches und beabsichtigten ein ‚Freies Institut für Sozialforschung und Entwicklungslehre' aufzubauen. Zu den Initiatoren, mit welchen ich mich vor allem angefreundet hatte, gehörten Wilfried Heidt und das Ehepaar Fred und Jutta Lauer. Ungefähr zwei Jahre reiste ich sehr oft nach Achberg, hielt dort viele Vorträge, führte Seminare und nahm an unzähligen Diskussionen teil."[146]

Es gab vielerorts Kreise, welche sich mit der Sozialen Dreigliederung intensiv befassten, manche davon wirkten auch in Achberg intensiv mit:

"So etwa in Freiburg, wo Folkert Wilken und Hans-Georg Schweppenhäuser gewirkt hatten (…). Dieser Kreis arbeitete an den Ideengrundlagen der sozialen Dreigliederung und an einem symptomatologischen Verständnis der Zeitereignisse und führte öffentliche Tagungen (…) durch."[147]

Insoweit verwundert es gar nicht, dass sich die verschiedenen Strömungen im Rahmen der Achberger Schule näher kamen, obwohl es auch gelegentlich die eine oder andere Animosität untereinander gab (so etwa im Verhältnis von Wilhelm Schmundt und Hans Georg Schweppenhäuser untereinander wegen verschiedener Auffassungen in einzelnen Fragen). Der Künstler Joseph Beuys[148] fungierte neben dem Sozialwissenschaftler Wilhelm Schmundt[149] als Kristallisationsfigur der Bestrebungen der Achberger Schule. In diesem Zusammenhang veröffentlichte Joseph Beuys am 23.12.1978 einen Aufruf zur Alternative in einer von ihm finanzierten Beilage zur Frankfurter Rundschau. Dort wird neben einem Dritten Weg des ökologischen und demokratischen Sozialismus auch zur Etablierung und Bildung von neuartigen Unternehmen unter der Bezeichnung „Aktion Dritter Weg" aufgerufen:

"Überall dort, wo es möglich ist, sollten wir uns zur alternativen Lebens- und ArbeitsPRAXIS entschließen. Viele haben in kleinen Bereichen und speziellen Gebieten einen Anfang gemacht. Ein *Zusammenschluß* alternativer Wirtschafts- und Kulturunternehmen ist die AUFBAUINITIATIVE AKTION DRITTER WEG (Unternehmensverband, Stiftung,

---

[146] Ota Sik: Ein Gefühl starker Zusammengehörigkeit. Achberger Episode. In: Ramon Brüll/Rainer Rappmann (Hg.): Freiheit, Gleichheit, Brüderlichkeit?, Achberg – Frankfurt a.M. 2016, S. 143 – 144.
[147] Christoph Klipstein: Die Begründung des Internationalen Kulturzentrums Achberg in der geschichtlichen Entwicklung der Bestrebungen für soziale Dreigliederung. In: Ramon Brüll/Rainer Rappmann (Hg.): Freiheit, Gleichheit, Brüderlichkeit?, Achberg – Frankfurt a.M. 2016, S. 102.
[148] Vgl. Rainer Rappmann (Hg.): Denker, Künstler, Revolutionäre. Beuys, Dutschke, Schilinski, Schmundt: Vier Leben für Freiheit, Demokratie und Sozialismus, Wangen 1996, S. 118ff.
[149] Ebenda, S. 124ff.

Mitgliederorganisation). Einzelne Gruppen oder Betriebe, die ihren alternativen Ideen auch Taten folgen lassen wollen, sind aufgefordert, dieses Projekt zu stärken."[150]

6.2. Praktische Resultate

Der Unternehmensverband der „Aktion Dritter Weg" wuchs ganz allmählich, um dann zum Zeitpunkt seiner größten Ausdehnung insgesamt 19 Unternehmen in verschiedenen Organschaften zu vereinigen. Mitarbeiterselbstverwaltung und Kapitalneutralisierung (die Unternehmen gehören alle mit ihrem Eigenkapital zur Stiftung der Interessensgemeinschaft Dritter Weg e.V.) sind für alle beteiligten Unternehmen obligatorisch:

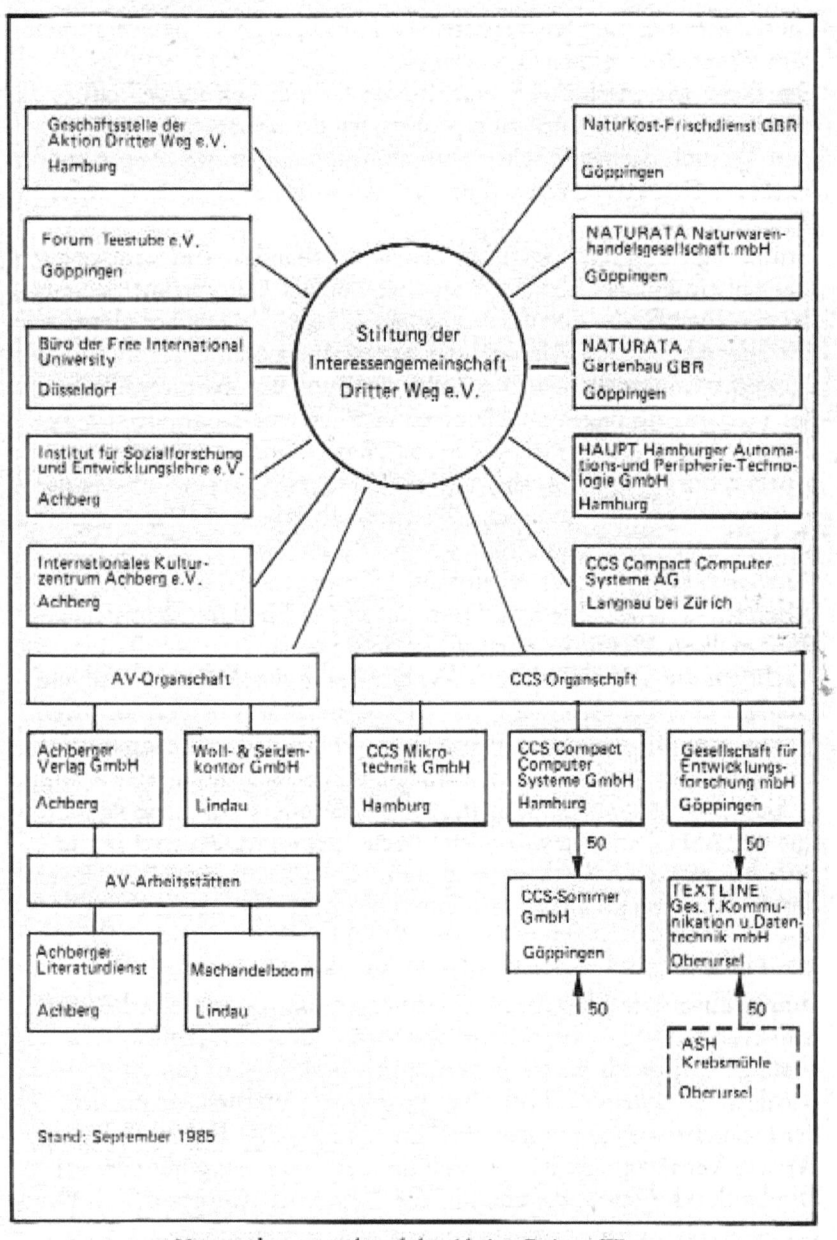

Unternehmensverband der Aktion Dritter Weg

[150] Joseph Beuys: Aufruf zur Alternative. Redaktionsbeilage der Frankfurter Rundschau Nr. 288 vom 23.12.1978, S. 9.

Abbildung aus: Rudolf Saacke: Aktion Dritter Weg – Ein Modellversuch. In:
Max V. Limbacher: Projekt Anthroposophie, Reinbek b. Hamburg 1986, S. 102

6.3. Würdigung der Synthese

Es handelt sich bei dem Unternehmenszusammenschluß der „Aktion Dritter Weg" (A3W)
weder um einen Top-Down-Ansatz, noch um einen Bottom-up-Ansatz. Es wurde hier
vielmehr das Gegenstromverfahren[151] auf gesellschaftlich-sozialpolitischer Ebene gewählt, da
volle Freiwilligkeit zum Unternehmenszusammenschlußbeitritt herrscht – und da quasi erst
durch eine Art „Graswurzelwachstum" dieser Unternehmensverbund entstand.

„Wenn man bedenkt, welche Rolle das Eigentum an den Produktionsmitteln (durch
Aktienbesitz und so weiter) heute spielt, so kann man voraussehen, dass ein solches Wandeln
der sozialen Ordnung in ihren Grundlagen auf starke Widerstände einflussreicher
Bevölkerungsschichten stoßen wird."[152] Daher ist die Freiwilligkeit dem Zwang allemal
vorzuziehen.

Die Ziele des A3W-Unternehmenszusammenschlusses:

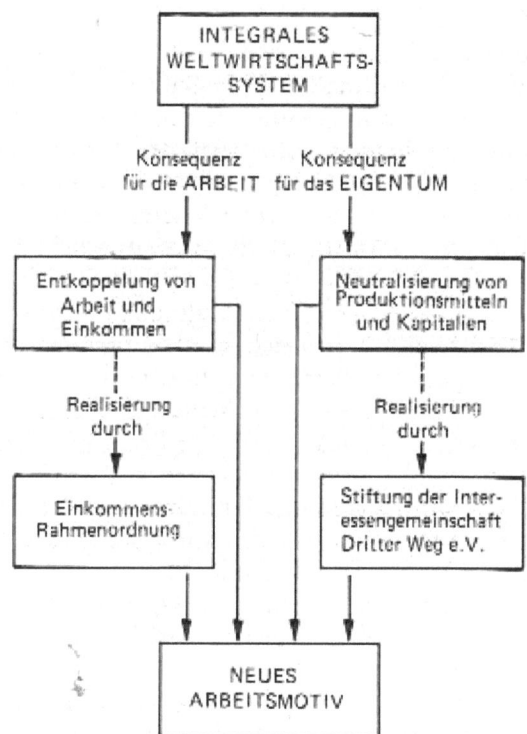

---

[151] Vgl. aus einzelwirtschaftlicher Sicht: Ekkehard Leichert: Betriebliche Planung, Wiesbaden 1994, S. 46ff
sowie Norbert Szyperski/Udo Winand: Grundbegriffe der Unternehmensplanung, Stuttgart 1980, S. 114 – 115.
„Die Ableitung von Plänen gemäß dem Gegenstromverfahren ist als Kombination der progressiven und
retrograden Planung zu verstehen, mit dem Ziel beider Vorteile zu kombinieren und beider Nachteile zu
vermeiden." (Ebenda, S. 114).

[152] Wilhelm Schmundt: Der soziale Organismus und sein Krankheitszustand. In: Derselbe: Zwei Grundprobleme
des 20. Jahrhunderts, Argental – Wangen 1988, S. 55.

Abbildung aus: Rudolf Saacke: Aktion Dritter Weg – Ein Modellversuch. In:
Max V. Limbacher: Projekt Anthroposophie, Reinbek b. Hamburg 1986, S. 103

Unternehmenszusammenschlüsse dieser Art haben sich bewährt.[153] Auch die Cluster-Forschung legt Wettbewerbsvorteile nahe, wenn ähnliche Betriebe bzw. ideell verbundene Betriebe sich zu einem Verbund zusammenschliessen.[154] „Cluster werden als ein Wertschöpfungssystem verstanden. Die Wettbewerbsvorteile eines Clusters basieren in der Regel auf Gemeinsamkeiten (…), verbesserter Arbeitsteilung und Externalitäten zwischen beteiligten Firmen und Institutionen. Dabei spielen (…) informelle Kontakte oft eine wichtige Rolle."[155] Im Wettbewerb mit andersartigen Unternehmen der gleichen Branche kann „die Standortwahl für das Bestehen oder Nichtbestehen von Betriebswirtschaften entscheidend sein."[156] „Aus der Zusammenarbeit mit anderen Betrieben ergeben sich für fast jeden Betrieb gewinnbringende Möglichkeiten."[157]

7. Beispiele erfolgreicher kapitalneutralisierter Unternehmen
7.1. Modell HOPPMANN

„Die Firma Hoppmann, Automobilhändler und Reparaturwerkstatt in Siegen, wurde 1936 gegründet. Nach starken Beschädigungen im Krieg wurde die Firma rasch wieder aufgebaut und entwickelte sich zu einem führenden Händler von Autos der Marke Opel. Der plötzliche Tod des Unternehmensgründers im Jahre 1957 versetzte seinen Sohn und Erben, Klaus Hoppmann, im Alter von 30 Jahren in eine schwierige Situation. Er war stark auf die Unterstützung und auf den Rat der langjährig im Unternehmen beschäftigen Angestellten angewiesen, um die Firma zu führen. Er war zudem davon überzeugt, dass Entscheidungen im Unternehmen nicht auf der mehr oder weniger zufälligen Erbfolge gründen sollten, sondern einer anderen Legitimationsbasis bedürften."[158] Daher übertrug der Erbe das Unternehmen schließlich einer Stiftung, welche den Namen „Demokratie im Alltag erhielt". Da die Arbeitnehmer damit eine volle Mitbestimmung und Mitsprache in der Leitung dieses Unternehmens erhielten kann diese Mitbestimmung <<von oben>> als eine „Neutralisation des Kapitals" nach dem Modell von Ota Sik gelten.[159]

7.2. Scott-Bader Commonwealth

In der englischen Kunststoffproduktion gibt es ein herausragend fortschrittliches Unternehmen, es heißt Scott Bader Commonwealth und wurde 1976 in einer englischen

---

[153] Vgl. z.B.: Uwe Welteke-Fabricius, Uwe: Partnerschaftliche Unternehmenskooperation als Erfolgsstrategie in hochkonzentrierten Märkten in: Flieger/Nicolaisen/Schwendter (Hg.): Gemeinsam mehr erreichen. Kooperation und Vernetzung alternativ-ökonomischer Betriebe und Projekte, München 1995, S. 360-372.

[154] Vgl. Harald Cremer: Innovationen und Clusterstrategie – die Förderpolitik des 21. Jahrhunderts. In: Manfred Mai (Hg.): Handbuch Innovationen, Wiesbaden 2014, S. 253 – 254.

[155] Andreas Hermanns: Wirtschaftliche Cluster und Wirtschaftsförderung, GRIN, München 2006, S. 6.

[156] Ekkehard Kappler/Heinz Rehkugler: Konstitutive Entscheidungen. In: Edmund Heinen: Industriebetriebslehre, Wiesbaden 1991, S. 217.

[157] Dieter Kalisch/Franz Schoser/Bernhard Jungermann: Betriebswirtschaft für Kleinbetriebe, München 1974, S. 297.

[158] Hartmut Wächter: Möglichkeiten und Grenzen der Wirtschaftsdemokratie. Der Fall Hoppmann. In: Zeitschrift für Personalforschung, Nr. 24 (2010), S. 7 – 22 (hier: S. 10).

[159] Vgl. Wolfgang Belitz (Hrsg.): Hoppmann – Eine unternehmerische Alternative. Mit demokratischer Beteiligung und sozialer Gerechtigkeit zum Wirtschaftlichen Erfolg, Längerich 2011

Parlamentsdebatte als ‚in seiner Art führendes Unternehmen' bezeichnet.[160] Dies wird verständlich, wenn man sich den Werdegang des Unternehmensgründers Ernest Bader vor Augen hält. Dieser wanderte vor dem ersten Weltkrieg von der Schweiz nach England aus und fing dort an zu arbeiten.

"Er stellte sich vor, dass er sein ganzes Leben für andere würde arbeiten müssen, und empfand das System als grauenhaft.

Wie sich zeigte, kam es nicht dazu. Er wurde Unternehmer und leitete eine Firma. 1951 kam ihm plötzlich zu Bewusstsein, dass er all seinen Beschäftigten das antat, worunter er früher selbst so gelitten hatte ... Also nahm er Kontakt mit verschiedenen Menschen auf ... und sagte, er wolle das ganze auf eine Grundlage stellen, die er als Quäker und Pazifist bejahen könne ...."[161]

Einer der Menschen, die er um Rat fragte war Folkert Wilken, seinerzeit Professor für Nationalökonomie in Freiburg im Breisgau.[162]

Er begann schließlich damit, das Gesamtkapital in zwei Schritten auf das Gemeinwesen (‚commonwealth') zu übertragen. Mitglieder des Gemeinwesens wurden alle Mitarbeiter des Unternehmens, ohne jedoch das Eigentum auf die einzelnen Köpfe zu verteilen.[163]

Auch bei Auflösung des Commonwealth würde das Kapital nicht auf einzelne Personen aufgeteilt, sondern ohne Rest an caritative Institutionen fließen. Laut Satzung des Unternehmens darf der gewählte Verwaltungsrat des Commonwealth maximal 40 % des Gewinns für konsumptive Zwecke entnehmen. Davon muss noch einmal die Hälfte für wohltätige Zwecke außerhalb der Unternehmung vergeben werden, so dass maximal 20 % zur Ausschüttung an die Mitarbeiter kommen. Die restlichen 60 % werden für Steuern und zur Selbstfinanzierung einbehalten.[164]

Die Einkommensordnung sieht vor, dass alle Gehälter nicht über ein Verhältnis von 1:7 hinausgehen dürfen. Diese Regelung wird innerhalb des Unternehmens allseits akzeptiert.[165]

Auch im Sinne einer kooperativen Organisationsform ist Scott Bader offensichtlich ein Erfolg geglückt. „In den rund zwanzig Jahren seines Bestehens ist das Gemeinwesen durch verschiedene verfassunggebende Phasen gegangen, und wir glauben, dass es mit der neuen Verfassung von 1971 ‚Organe' entwickelt hat, die es ihm gestatten, ein Kunststück fertigzubringen, das kaum weniger unmöglich erscheint, als das der Quadratur des Kreises, nämlich wirkliche Demokratie mit leistungsfähiger Unternehmensführung zu verbinden."[166]

Die Entwicklung des Unternehmens wird sehr bewusst als ein nie abgeschlossener Lernprozess gesehen, der alle daran Teilhabenden gleichermaßen erfasst und aufleben lässt.[167]

Der bis zu seinem Tode als Berater des Unternehmens persönlich beteiligte E. F. Schumacher kommt zu dem Ergebnis: „Scott Bader ist mehr als ein Experiment, es ist eine

---

[160] Vgl. Folkert Wilken: Das Kapital, Schaffhausen 1976, S. 237. In England gelang es dem Initiator des Scott Bader Commonwealth, ein Gesetz in das Parlament einzubringen, das den spezifischen Erfordernissen dieses Unternehmens gerecht wird und auch verabschiedet wurde. „Dieses Gesetz, das den Namen ‚Industrial common ownership bill' trägt, bezieht sich auf Unternehmen ohne Aktienkapital, welches den in ihnen arbeitenden Menschen gehört." Folkert Wilken: Das Kapital, Schaffhausen 1976, S. 237

[161] Vgl. E. F. Schumacher : Das Ende unserer Epoche, Reinbek b. Hamburg 1980, S. 105 f

[162] Vgl. http://de.wikipedia.org/wiki/Folkert_Wilken

[163] Vgl. Folkert Wilken: Das Kapital, Schaffhausen 1976, S. 231f und E. F. Schumacher: Die Rückkehr zum menschlichen Maß, Reinbek b. Hamburg 1980, S. 248ff

[164] Vgl. E. F. Schumacher : Das Ende unserer Epoche, Reinbek b. Hamburg 1980, S. 109 und E. F. Schumacher: Die Rückkehr zum menschlichen Maß, Reinbek b. Hamburg 1980, S. 249

[165] Vgl. E. F. Schumacher : Das Ende unserer Epoche, Reinbek b. Hamburg 1980, S. 108f und Folkert Wilken: Das Kapital, Schaffhausen 1976, S. 236. Bei der Gehaltsverteilung in europäischen Unternehmen sind bereits Relationen von 1:400 Realität, vgl. ‚Managerlöhne'. Interview mit Prof. Dr. Peter Ulrich, in: ZV info – Zeitschrift des Zentralverbands Staats- und Gemeindepersonal Schweiz, Nr. 4, 13. April 2005, S. 3

[166] E. F. Schumacher: Die Rückkehr zum menschlichen Maß, Reinbek bei Hamburg 1980, S. 252

[167] Vgl. E. F. Schumacher: Die Rückkehr zum menschlichen Maß, Reinbek bei Hamburg 1980, S. 252

Weltanschauung."[168]

7.3. Die WALA-Stiftung

Die anthroposophische WALA Heilmittel GmbH in Bad Boll ist mit rund 700 Mitarbeitern ein schon verhältnismässig großes Unternehmen. Die Marken „WALA" und „Dr. Hauschka" sind weltweit bekannt. Was allerdings kaum jemand weiß, ist dass die WALA sich selbst gehört.

Alle Eigentumsanteile sind auf eine Stiftung übertragen, somit hat die WALA eine Kapitalneutralisierung in Reinform durchgeführt. „Für den Gründer Rudolf Hauschka war es von Beginn an ein zentrales Anliegen, den Heilungsimpuls, der (…) der Kern des Wala-Gedankens ist, auch auf die soziale Gestalt des Unternehmens zu übertragen. Der Antagonismus von Arbeit und Kapital sollte aufgelöst werden: Wir sollen es zum einen überwinden, Arbeit als Ware zu betrachten, und zum anderen soll das Kapital nicht die Existenz der Arbeitenden beeinträchtigen. Gewinn sollte kein Selbstzweck mehr sein, sondern Mittel zum Zweck." [169]

7.4. Neuguss Verwaltungsgesellschaft

Die Neuguss Verwaltungsgesellschaft mbH ist gleichfalls ein kapitalneutralisiertes Unternehmen, welches mit z. Zt. ca. 330 Mitarbeitern ein typisch „mittelständisches" Unternehmen ist, dessen Eigentum allerdings anders als bei dem typischen Mittelständler aber „sich selbst gehört".

„Gegründet wurde die Neuguss Verwaltungsgesellschaft mbH 1972 in Bochum von Alfred Rexroth und seiner Frau Friederike Rexroth und Menschen im Umfeld der damals noch jungen GLS Treuhand e.V. Der Rechtsanwalt und Notar Wilhelm-Ernst Barkhoff entwickelte dafür die stimmige rechtliche Form." [170]

„Es gehört zu den zentralen Prinzipien der Neuguss, Kapital als etwas zu verstehen, was geistiger Natur ist. Es zu privatisieren, als einem selbst gehörend anzusehen, ist unangemessen, so wie es unangemessen ist, einen Gedanken als Privatbesitz anzusehen. Kapital ist eine gesellschaftliche Aufgabe, die in unserer arbeitsteiligen Welt keiner allein bewältigen kann.

Treuhänderische Eigentumsformen können dafür sorgen, dass Realkapital in den Händen von fähigen Menschen bleibt. Dieser Übergang sollte nicht nach Erbgesetzen vonstattengehen, wodurch unternehmerisches Kapital aufs Spiel gesetzt würde. Kapital ist auch keine Ware, die nach Belieben verkauft und gekauft werden kann." [171]

8. Weshalb der Property-Rights-Ansatz zur Kategorisierung der Kapitalneutralisierung nicht taugt

„Theo-Sophia ist die konkrete Weisheit, die empfangen wurde durch Inspiration. Als der (orientalische) Strom nach Europa herübergeht, stellt sich neben ihn die Jurisprudenz. Die Jurisprudenz kann keine Sophia mehr sein, denn sie handelt nicht von etwas, was einem eingegeben wird, sondern von etwas, was der Mensch selbst immer mehr und mehr im

---

[168] E. F. Schumacher : Das Ende unserer Epoche, Reinbek b. Hamburg 1980, S. 110
[169] Interview mit Dr. Johannes Stellmann, Geschäftsführung der Wala-GmbH. In: Jens Heisterkamp (Hg.): Kapital = Geist. Pioniere der Nachhaltigkeit – Anthroposophie in Unternehmen, Frankfurt a.M. 2009, S. 36 – 44 (hier: S. 36).
[170] Beiblatt „Neuguss kompakt" zu Projektzeitung: 40 Jahre Neuguss, Berlin 2010
[171] Projektzeitung: 40 Jahre Neuguss – Festschrift und Glückwünsche, Berlin 2010, S. 9

Verkehr von Mensch zu Mensch entwickelt. Da wird das Urteil maßgebend. Da tritt an der Stelle der Sophia die <u>Logik</u> auf, und die Jurisprudenz, in die jetzt alle soziale Struktur hineingegossen wird, wird vorzugsweise logisch. Die Logik, die Dialektik entwickeln ihre Triumphe, nicht etwa in der Naturwissenschaft, sondern gerade in dem juristischen Leben, und alles menschliche Leben wird in diesen zweiten Strom, in die Logik hineingezwängt. Begriff des Eigentums, Begriff des persönlichen Rechtes, all das sind ja realisierte logische Kategorien. Und die Sache hat eine so starke Kraft in dieser zweiten Strömung, daß diese Kraft auf die erste Strömung abfärbt. Aus der Theosophia wird eine Theologia. Der erste Strom wird also durchaus beeinflußt von dem zweiten Strom. Und wir haben jetzt nebeneinander ein Altbewahrtes, eine alte Theosophia, die, indem sie weniger lebendig, etwas dürrer, etwas magerer auch geworden ist, als sie in ihrer Jugend war, nun Theologia wird, und daneben die Jurisprudentia, die eigentlich in dieser Art alles umfaßt bis ins 15., 16., 17. Jahrhundert hinein, was in den verschiedenen Masken auftritt, die auch noch wirkt in dem gesamten wirtschaftlichen Leben der Menschheit." [172]

Alles, was sich aus den Eigentumsverhältnissen ausgestaltet nach römischem Recht, wird heute unter dem Einflusse des amerikanischen Pragmatismus als „Theorie der Verfügungsrechte" definiert (Property-Rights-Ansatz). Damit werden Machtfragen in ökonomisch-rechtliche Kategorien gezwängt und die „soziale Frage" verschwindet sozusagen in juristischen Begriffsschubladen. Die ursprüngliche Machtfrage wird damit bagatellisiert und verbürokratisiert.

„Die Theorie der Verfügungsrechte und der Transaktionskostenansatz sind also nicht wertfrei. Theorien aber, die einem bestimmten Werturteil verhaftet sind, sich aber gleichzeitig durch eine definitionale Beliebigkeit auszeichnen und sich einer empirischen Überprüfung entziehen, eignen sich vorzüglich zur Legitimierung gleichgerichteter Ideologien." [173]

9.   Auswertung und Theoretischer Ausblick

Die Hypothesen haben sich, wie vorstehend gezeigt weitgehend bestätigt.

Es kann also als gültig gelten, wenn man formuliert:

"Kapitalneutralisierte Unternehmen sind weniger insolvenzanfällig, als Unternehmen in ausschließlichem Privatbesitz."

"Kapitalneutralisierte Unternehmen sowie Unternehmen in Selbstverwaltung profitieren stärker von Kooperationen mit gleichartigen Unternehmen, als Normalunternehmen."

"Die Humanressource Mensch kommt hinsichtlich ihres Fähigkeitspotentials und Selbstentfaltungspotentials in kapitalneutralisierten Unternehmen sowie in selbstverwalteten Unternehmen mehr zur Geltung, als in Normalunternehmen."

"Die Kapitalneutralisierung von Unternehmen ist unternehmensrechtlich, wie verfassungsrechtlich zulässig."

[172] Rudolf Steiner: Die geistig-seelischen Grundkräfte der Erziehungskunst, GA 305, Dornach 1979, S. 191
[173] Alfred Kieser: Erklären die Theorie der Verfügungsrechte und der Transaktionskostenansatz historischen Wandel von Institutionen? In: Dietrich Budäus/Elmar Gerum/Gebhard Zimmermann (Hrsg.): Betriebswirtschaftslehre und Theorie der Verfügungsrechte, Wiesbaden 1988, S. 299 – 323 (hier: S. 320)

Es kann gesagt werden, dass die kapitalneutralisierten Modellbetriebe in vielerlei Hinsicht musterhaft sind, Muster, die der Nachahmung harren. Wenn Unternehmen kein Privatbesitz mehr sind, der nach Belieben verkauft werden kann, dann hat das unzweifelhafte Vorteile:
1. Unternehmen sind so nicht länger Spielbälle der Finanzwirtschaft,
2. Die Motivation der Mitarbeitenden steigt enorm,
3. Nachfolgeprobleme hinsichtlich einer unternehmerisch auf Zeit bestellten Geschäftsführung sind leichter zu bewältigen. [174]

Als Rechtsformen für die Kapitalneutralisierung bieten sich vor allem die Stiftungslösung, aber mit geringen Abstrichen auch eine GmbH-Rechtsform an. Genossenschaftliches Eigentum ist hinsichtlich der Kapitalneutralisierung schon sehr viel problematischer in der Handhabung.[175] Für all die zu findenden Lösungen sollte jedoch gelten:
„Dieses Kapital wäre also nicht mehr Gegenstand von Eigentum im üblichen Sinne, die Eigentümerrechte wären vielmehr neutralisiert." [176]

---

[174] Vgl. Ronald Richter: Schritte zum Verantwortungseigentum. In. Zeitschrift Info 3, Dezember 2018, S. 10 – 11 (hier: S. 10).
[175] Vgl. Matthias Neuling: Auf fremden Pfaden. Ein Leitfaden der Rechtsformen für selbstverwaltete Betriebe und Projekte, Berlin 1985
[176] Sahra Wagenknecht: Reichtum ohne Gier. Wie wir uns vor dem Kapitalismus retten, Frankfurt a.M. 2016, S. 272

10. Literaturverzeichnis zu „Die Idee der Kapitalneutralisierung"

Adam, Herrmann: Bausteine der Wirtschaft, 16. Auflage, Wiesbaden 2015

Andersen, Uwe: Einführung. In: Derselbe (Hg.): Weltwirtschaftskrise – eine Systemkrise?, Schwalbach/Ts. 2012

Arbeiterselbsthilfe Frankfurt: Anders Leben – Anders arbeiten, Bd. I, Frankfurt a.M. 1980

ASH Krebsmühle: Acht Jahre Betriebe in Selbstverwaltung, o.O. 1984

ASH Krebsmühle: Alternative Arbeitsorganisation – auch anders arbeiten und wie? In: Verband der selbstverwalteten Betriebe Rhein-Main-Neckar-Lahn (Hg.): Projektmesse 1984, Frankfurt a.M. 1984

Atteslander, Peter: Methoden der empirischen Sozialforschung, Berlin – New York 1995

Bader, Michael W.: Jenseits von Kapitalismus und Kommunismus. Theorie und Praxis des Wirtschaftsmodells der Achberger Schule, Berlin 2016

Bartölke, Klaus/Bergmann, Theodor/Liegle, Ludwig: Integrated kooperatives in the industrial society: the example of the kibbutz, Assen (NL) 1980

Baßeler, Ulrich/ Heinrich, Jürgen/ Utecht, Burkhard: Grundlagen und Probleme der Volkswirtschaft, Stuttgart 2010

Bauer, Jobst-Hubertus/ Diller, Martin: Wettbewerbsverbote, München 2006

Beck, Ulrich: Schöne neue Arbeitswelt, Frankfurt a.M. 2007

Beck, Ulrich: Weltrisikogesellschaft, Frankfurt a.M. 2008

Belitz, Wolfgang (Hg.): Hoppmann – Eine unternehmerische Alternative. Mit demokratischer Beteiligung und sozialer Gerechtigkeit zum Wirtschaftlichen Erfolg, Längerich 2011

Berger, Peter L./ Luckmann, Thomas: Die gesellschaftliche Konstruktion der Wirklichkeit, Frankfurt a.M. 2012

Bergmann, Karl/Schröter, Christoph: Er geht voll ab, der Öko-Punk... In: Verband der selbstverwalteten Betriebe Rhein-Main-Neckar-Lahn: Projektmesse 1984, Frankfurt a.M. 1984

Beuys, Joseph: Aufruf zur Alternative. Redaktionsbeilage in: Frankfurter Rundschau, Nr. 288, 23.12.1978, S. 1 - 10

Binswanger, Hans-Christoph: Die moderne Wirtschaft als alchemistischer Prozeß. Eine ökonomische Deutung von Goethes >>Faust<<. In: Neue Rundschau, 93. Jahrgang (1982), Heft 2, S. 70 - 106

Bischoff, Harald/Damm, Diethelm: Arbeitsplätze selber schaffen, finanzieren und behalten, München 1985

Blum, Fred H.: Work and Community. The Scott Bader Commonwealth and the Quest for a new Social Order, London 1968

Bofinger, Peter: Grundzüge der Volkswirtschaftlehre, Hallbergmoos 2015

Bogner, Alexander/Littig, Beate/Menz, Wolfgang: Interviews mit Experten, Wiesbaden 2014

Bohnsack, Ralf/Marotzki, Winfried/Meuser, Michael (Hg.): Hauptbegriffe Qualitativer Sozialforschung, Opladen – Farmington Hills 2006

Bohnsack, Ralf: Rekonstruktive Sozialforschung, Opladen – Farmington Hills 2010

Bontrup, Heinz-J.: Lohn und Gewinn. Volks- und betriebswirtschaftliche Grundlagen, Oldenbourg Vlg., München 2008

Bontrup, Heinz-J.: Pikettys Kapitalismus-Analyse. Warum die Reichen immer reicher und die Armen immer ärmer werden, pad-Verlag, Bergkamen 2014

Bontrup, Heinz-J.: Volkswirtschaftslehre – Grundlagen der Mikro- und Makroökonomie, München – Wien 2004

Bos, A.H./Brüll, Dieter/Henny, A.C.: Gesellschaftsstrukturen in Bewegung. Soziale Dreigliederung in Theorie und Praxis, Achberg 1976

Böttcher, Sven/Bröckers, Mathias: Die ganze Wahrheit über alles. Wie wir unsere Zukunft doch noch retten können, Frankfurt a.M. 2016

Breuer, Markus/Brink, Alexander/Schumann, Olaf J. (Hg): Wirtschaftsethik als kritische Sozialwissenschaft, Bern – Stuttgart 2003

Brock, Ditmar: Soziale Ungleichheiten. Klassen und Schichten: In: Schäfers, Bernhard/ Zapf, Wolfgang (Hg.): Handwörterbuch zur Gesellschaft Deutschlands, Opladen 1998, S. 608-622

Brüll, Dieter: Der anthroposophische Sozialimpuls, Dornach 2012

Brüll, Ramon/Rappmann, Rainer (Hg.): Freiheit, Gleichheit, Brüderlichkeit? Der Impuls der Dreigliederung und die Gründung des Internationalen Kulturzentrums Achberg, Frankfurt a.M. – Achberg 2016

Brüll, Ramon: Treuhandwirtschaft und unveräußerliches Kapital – Ein Vorschlag zur Bankenkrise. In: Zeitschrift Info 3, Nr. 11 (November 2008), S. 86

Brunkhorst, Hauke/Kreide, Regina/Lafont, Cristina (Hg.): Habermas-Handbuch, Stuttgart – Weimar 2015

Budäus, Dietrich/Gerum, Elmar/Zimmermann, Gebhard (Hg.): Betriebswirtschaftslehre und Theorie der Verfügungsrechte, Wiesbaden 1988

Bude, Heinz: Der Unternehmer als Revolutionär der Wirtschaft: In: Merkur, 51. Jahrgang, Nr.582/583, Heft 9/10 (1997), S. 866-876

Butterwegge, Christoph: Hartz IV und die Folgen, Weinheim – Basel 2015

Carlgren, Frans: Wenn die Staaten unregierbar werden. Gefahren und Chancen, Stuttgart 1997

Churchman, C. West: Der Systemansatz und seine >Feinde<, Bern – Stuttgart 1981

Cremer, Harald: Innovationen und Clusterstrategie – die Förderpolitik des 21. Jahrhunderts. In: Mai, Manfred (Hg.): Handbuch Innovationen, Wiesbaden 2014, S. 253 - 265

Crouch, Colin: Das befremdliche Überleben des Neoliberalismus, Berlin 2011

Dernburg, Thomas F./McDougall, Duncan: Lehrbuch der Makroökonomischen Theorie, Stuttgart 1981

Duda, Helga/Fehr, Ernst: Macht und Ökonomie. Das Beispiel atomistischer Arbeitsmärkte. In: Küpper, Willi/Ortmann, Günther: Mikropolitik. Rationalität, Macht und Spiele in Organisationen, Opladen 1988, S. 131 - 151

Dülfer, Eberhard: Betriebswirtschaftslehre der Genossenschaften und vergleichbarer Kooperative, Göttingen 1995

Ehrich, Udo: INSM & Co. Wie die Wirtschaft unser Bewusstsein steuern will, epubli, Berlin 2011

Felber, Christian: Gemeinwohl-Ökonomie, Wien 2012

Felber, Christian: Kooperation statt Konkurrenz, Wien 2009

Felber, Christian: Retten wir den EURO!, Wien 2012

Feyerabend, Paul: Erkenntnis für freie Menschen, Frankfurt a.M. 1979

Feyerabend, Paul: Wider den Methodenzwang, Frankfurt a.M. 1999

Fischer-Winkelmann, Wolf F.(Hg.): Das Theorie-Praxis-Problem der Betriebswirtschaftslehre, Wiesbaden 1994

Flensburger Hefte Nr. 57: Die Welt im Umbruch. Globalisierung und Kampf aller gegen alle, II (1997)

Flensburger Hefte Nr. 62: Arbeitslosigkeit – Weg ins Ungewisse, III (1998)

Flick, Uwe: Triangulation. In: Bohnsack, Ralf/Marotzki, Winfried/Meuser, Michael: Hauptbegriffe Qualitativer Sozialforschung, Opladen – Farmington Hills 2006, S. 161 - 162

Flieger, Burghard: Produktivgenossenschaft als fortschrittsfähige Organisation, Marburg 1996

Flieger/ Nicolaisen/ Schwendter (Hg.): Gemeinsam mehr erreichen. Kooperation und Vernetzung alternativ ökonomischer Betriebe und Projekte, München 1995

Friedman, Milton: A monetary and Fiscal Framework for Economic Stability. In: American Economic Review, Vol. 38 (1948), S. 245 - 264

Friedrichs, Julia: Wir Erben – Was Geld mit Menschen macht, Berlin 2015

Fromm, Erich: Haben oder Sein, Hamburg 2006/2007

Fucke, Erhard: Wohin führt uns der Neoliberalismus? Gegenwärtige und notwendige Ziele des Wirtschaftslebens. Schrift aus dem Nachlass 2007, Kassel 2016

Gasche, Urs P./Guggenbühl, Hanspeter/Vontobel, Werner: Das Geschwätz von der freien Marktwirtschaft. Wie Unternehmen den Wettbewerb verfälschen, die Natur ausbeuten und die

Steuerzahler zur Kasse bitten, Wien 1997

Geigant, Friedrich/Haslinger, Franz/Sobotka, Dieter/Westphal, Horst M.: Lexikon der Volkswirtschaftslehre, Landsberg/Lech 1994

Gellenbeck, Konny (Hg.): Gewinn für alle! Genossenschaften als Wirtschaftsmodell der Zukunft, Frankfurt a.M. 2012

Giese, Reinhard (Hg.): Sozial handeln – aus der Erkenntnis des sozial Ganzen. Soziale Dreigliederung heute, Rabel 1980

Glasl, Friedrich: Das Unternehmen der Zukunft, Stuttgart 1994

Gohl, Jürgen (Hg.): Arbeit im Konflikt. Probleme der Humanisierungsdebatte, München 1977

Gretschmann, Klaus: Wirtschaft im Schatten von Markt und Staat: Grenzen und Möglichkeiten einer Alternativökonomie, Frankfurt a.M. 1983

Grömling, Michael/Lichtblau, Karl/Weber, Alexander: Industrie und Dienstleistungen im Zeitalter der Globalisierung, Köln 1998

Grüll, Ferdinand: Das vertragliche Wettbewerbsverbot des Arbeitnehmers, Heidelberg 1983

Grüll, Ferdinand: Die Konkurrenzklausel, Heidelberg 1983

Gubitzer, Luise: Geschichte der Selbstverwaltung, München 1989

Habermas, Jürgen: Analytische Wissenschaftstheorie und Dialektik. In: Topitsch, Ernst (Hg.): Logik der Sozialwissenschaften, Köln 1972

Habermas, Jürgen: Der Universalitätsanspruch der Hermeneutik. In: Derselbe: Arbeit – Erkenntnis – Fortschritt, Aufsätze 1954-1970, Amsterdam 1970, S. 439-467

Habermas, Jürgen: Erkenntnis und Interesse, Frankfurt a.M. 1973

Habermas, Jürgen: Glauben und Wissen, Frankfurt a.M. 2001

Habermas, Jürgen: Im Sog der Technokratie, Berlin 2013

Habermas, Jürgen: Legitimationsprobleme im Spätkapitalismus, Frankfurt a.M. 1973

Habermas, Jürgen: Technik und Wissenschaft als Ideologie, Frankfurt a.M. 1970

Habermas, Jürgen: Theorie des kommunikativen Handelns, Band 1 und Band 2, jeweils: Frankfurt a.M. 1985 (Taschenbuchausgabe)

Habermas, Jürgen: Theorie und Praxis, Frankfurt a.M. 1971

Habermas, Jürgen: Überlegungen zum evolutionären Stellenwert des modernen Rechts. In: Derselbe: Zur Rekonstruktion des historischen Materialismus, Frankfurt a.M. 1976, S. 260ff

Habermas, Jürgen: Was heißt heute Krise? Legitimationsprobleme im Spätkapitalismus. In: Derselbe: Zur Rekonstruktion des Historischen Materialismus, Frankfurt a.M. 1976, S. 316ff

Habermas, Jürgen: Zur Rekonstruktion des Historischen Materialismus, Frankfurt a. M. 1976

Happe, Volker/ Horn, Gustav/ Otto, Kim: Das Wirtschaftslexikon, Bonn 2009

Hardes, Heinz-Dieter/ Krol, Gerd-Jan/ Rahmeyer, Fritz/ Schmid, Alfons: Volkswirtschaftslehre – problemorientiert, 19. Auflage, Tübingen 1995

Hardorp, Benediktus: Elemente einer sozialen Baukunst – ein Beitrag zum Unternehmensverständnis. In: Kappler, Ekkehard/Knoblauch, Thomas: Innovationen – Wie kommt das Neue in die Unternehmung?, Gütersloh 1996, S. 153 - 182

Hardorp, Benediktus: Elemente einer sozialen Baukunst – ein Beitrag zum Unternehmensverständnis. In: Kappler, Ekkehard/Knoblauch, Thomas (Hg.): Innovationen – Wie kommt das Neue in die Unternehmung?, Gütersloh 1996, S. 153 - 182

Hardorp, Benediktus: Elemente einer sozialen Baukunst. Ein Beitrag zum Unternehmensverständnis. In: Derselbe: Arbeit und Kapital als schöpferische Kräfte, Karlsruhe 2008, S. 19-41

Hardorp, Benediktus: Führung ohne Hierarchie? In: Der Wirtschaftsprüfer als Unternehmungsberater. Festschrift für Max Horn, Ulm 1974, S. 108-127

Hardorp, Benediktus: Kapitalverwaltung – eine Aufgabe des Geisteslebens. Zeitbedeutung und Gestaltungsansätze. In: Dietz, Karl-Martin/Kilthau, Wolfgang: Geisteswissenschaft und Gesellschaftsgestaltung, Dornach 1987, S. 73 – 84

Hardorp, Benediktus: Preis, Einkommen, Steuer – anthroposophische Perspektiven zu Ökonomie und Ethik. In: Matthiessen, Christian: Ökonomie und Ethik. Moral des Marktes oder Kritik der reinen ökonomischen Vernunft, Freiburg i.Br. 1990, S. 97 – 110

Hardwig, Thomas/Jäger, Wieland: Selbstverwaltung im Betrieb. Fallstudie eines mittelständischen Unternehmens, Wiesbaden 1991

Hartmann, Detlef/Geppert, Gerald: Cluster – Die neue Etappe des Kapitalismus, Berlin 2008

Heidt, Wilfried (Hg.): Abschied vom Wachstumswahn. Ökologischer Humanismus als Alternative zur Plünderung des Planeten, Achberg 1980

Heidt, Wilfried: Der dritte Weg, Achberg 1974

Heinen, Edmund: Industriebetriebslehre. Entscheidungen im Industriebetrieb, Wiesbaden 1991

Heinen-Anders, Michael: Dem Teufel auf der Spur…, BOD, Norderstedt 2012

Heinen-Anders, Michael: Kapitalneutralisierung als Dreigliederungsaufgabe – eine interdisziplinäre betriebswirtschaftliche Studie, BOD, Norderstedt 2013

Heinen-Anders, Michael: Neue Eigentumsformen. In: Jedermensch, Nr. 661 (2011), S. 15

Heinen-Anders, Michael: Selbsterfüllende und selbstzerstreuende Insolvenzprognosen als Ansätze zur Erklärung krisenverschärfenden Verhaltens – Ein wirtschaftspsychologischer Beitrag zur Finanzkrise, Köln 2009, S. 23

Heinen-Anders, Michael: Wertfreiheit als Methodenfrage, GRIN, München 2014

Heinz, Juliane: Forschungsdesign – Was muss bei Experteninterviews beachtet werden?, GRIN, München 2010

Heinze, Rolf G.: Rückkehr des Staates? Politische Handlungsmöglichkeiten in unsicheren Zeiten, Wiesbaden 2009

Heisterkamp, Jens (Hg.): Kapital = Geist. Pioniere der Nachhaltigkeit. Anthroposophie in Unternehmen, Frankfurt a.M. 2009

Helfrich, Silke/Heinrich-Böll-Stiftung (Hg.): Commons. Für eine neue Politik jenseits von Markt und Staat, Bielefeld 2014

Henrich, Rolf: Der vormundschaftliche Staat. Vom Versagen des real existierenden Sozialismus, Reinbek b. Hamburg 1989

Hermanns, Andreas: Wirtschaftliche Cluster und Wirtschaftsförderung, GRIN, München 2006

Hermannstorfer, Udo: Schein-Marktwirtschaft. Die Unverkäuflichkeit von Arbeit, Boden und Kapital, Stuttgart 1991

Hill, Wilhelm/Fehlbaum, Raymond/Ulrich, Peter: Organisationslehre Bd. 1 und Band 2, Bern-Stuttgart 1981

Hoe, Susanna: The man who Gave his Company Away. A biography of Ernest Bader, Founder of the Scott Bader Commonwealth, London 1978

Hofmann, Werner: Wert- und Preislehre, Berlin 1971

Höland, Armin: Eine Bewegung sucht ihre Form, In: Kritische Justiz, 1/1985, S. 8

Hollstein, Walter/ Penth, Boris: Alternativprojekte, Reinbek b. Hamburg 1980

Hoppe, Hans-Hermann: Kritik der kausalwissenschaftlichen Sozialforschung. Untersuchungen zur Grundlegung von Soziologie und Ökonomie, Opladen 1983

Horkheimer, Max: Sozialphilosophische Studien, Frankfurt a.M. 1972

Horn, Gustav A.: Des Reichtums fette Beute. Wie die Ungleichheit unser Land ruiniert, Frankfurt a.M. – New York 2011

Huber, Joseph/Kosta, Jiri: Wirtschaftsdemokratie in der Diskussion, Frankfurt a.M. 1978

Huber, Joseph: Astral-Marx. Über Anthroposophie, einen gewissen Marxismus und andere Alternatiefen. In: Kursbuch 55 (1979), S. 139 - 161

Huber, Joseph: Das Unternehmen. Modell einer selbstverwalteten Wirtschaft. In: Kursbuch 53 (1978), Seite 145-171

Huber, Joseph: Technokratie oder Menschlichkeit. Zur Theorie einer humanen und demokratischen Systementwicklung, Dissertation, Achberg 1978

Huinink, Johannes/Schröder, Torsten: Sozialstruktur Deutschlands, Konstanz – München 2014

Hundt, Sönke: Zur Theoriegeschichte der Betriebswirtschaftslehre, Köln 1977

Ihssen, Valentin: Gerechtes Eigentum – Treuhänderischer Umgang mit Kapital als Alternative. In: Zeitschrift INFO 3, Oktober 2016, S. 15 - 17

Isler, Rudolf: Nachhaltigkeit?! Wege aus der Krise durch freie Initiativen, Dornach 2013

Jochimsen, Reimut/Knobel, Helmut (Hg.): Gegenstand und Methoden der Nationalökonomie, Köln 1971

Kaden, W.: Die nichtsnutzigen Erben. In: DER SPIEGEL , 39. Jahrgang, Nr. 20 (1985), S. 90

Kalisch, Dieter/Schoser, Franz/Jungermann, Bernhard: Betriebswirtschaft für Kleinbetriebe, München 1974

Kapp, K. William: Soziale Kosten der Marktwirtschaft: Frankfurt a. M. 1988

Kappler, Ekkehard (Hg.): Praktische Folgen einer Rekonstruktion der Betriebswirtschaftslehre, Spardorf 1983

Kappler, Ekkehard/Knoblauch, Thomas: Innovationen – Wie kommt das Neue in die Unternehmung?, Gütersloh 1996

Kappler, Ekkehard/Rehkugler, Heinz: Konstitutive Entscheidungen. In: Heinen, Edmund: Industriebetriebslehre, Wiesbaden 1991, S. 73 - 240

Kappler, Ekkehard: Brauchen wir eine neue Betriebswirtschaftslehre? Vorbemerkungen zur kritischen Betriebswirtschaftslehre. In: Koubek, Norbert/ Küller, Hans-Detlef/ Scheibe-Lange, Ingrid: Betriebswirtschaftliche Probleme der Mitbestimmung, Köln 1980, S. 195ff

Kappler, Ekkehard: Die Wiedergewinnung der Möglichkeit – Rekonstruktion als wissenschaftlicher Beitrag zur Überwindung von Stagnation. In: Pack, Ludwig/ Börner, Dietrich (Hg.): Betriebswirtschaftliche Entscheidungen bei Stagnation, Wiesbaden 1984, S. 303-314

Kappler, Ekkehard: Geschichten zum Mythos von der Unternehmenskontinuität. In: Derselbe/ Laske, Stephan (Hg.): Blickwechsel. Zur Dramatik und Dramaturgie von Nachfolgeprozessen im Familienbetrieb, Freiburg i.Br. 1990, S. 192 - 205

Kappler, Ekkehard: Theorie aus der Praxis – Rekonstruktion als wissenschaftlicher Praxisvollzug der Betriebswirtschaftslehre. In: Fischer-Winkelmann, Wolf F.(Hg.): Das Theorie-Praxis-Problem der Betriebswirtschaftslehre, Wiesbaden 1994, S. 41 - 54

Kappler, Ekkehard: Zum Theorie-Praxis-Verhältnis einer noch zu entwickelnden kritischen Theorie der Betriebswirtschaftslehre. In: Ulrich, Hans (Hg.): Zum Praxisbezug der Betriebswirtschaftslehre, Bern – Stuttgart 1976, S. 124

Karnath, Joachim/Reifenhäuser, Irene/Karnath, Dietrich: Wirtschaftswunder alternativ. Wie neue Formen des Wirtschaftens gefördert werden können, Frankfurt a.M. 1987

Keuth, Herbert: Die Philosophie Karl Poppers, Tübingen 2000

Kiene, Helmut: Grundlinien einer essentialen Wissenschaftstheorie. Die Erkenntnistheorie Rudolf Steiners im Spannungsfeld moderner Wissenschaftstheorien, Stuttgart 1984

Kirsch, Werner/Bamberger, Ingolf/Berg, Claus C./Weber, Wolfgang: Die Wirtschaft. Einführung in ihre Entscheidungsprobleme, München 1978

Klipstein, Christoph: Die Begründung des Internationalen Kulturzentrums Achberg in der geschichtlichen Entwicklung der Bestrebungen für soziale Dreigliederung. In: Brüll, Ramon/Rappmann, Rainer (Hg.): Freiheit, Gleichheit, Brüderlichkeit?, Achberg – Frankfurt a.M. 2016, S. 101 – 115

Kocka, Jürgen: Geschichte des Kapitalismus, München 2013

Koller, Hans-Christoph: Phänomenologie. In: Bonsack, Ralf/ Marotzki, Winfried/ Meuser, Michael (Hg.): Hauptbegriffe großqualitativer Sozialforschung, Opladen – Farmington Hills 2006, S. 83-85

Kotler, Philip: Marketing-Management, Stuttgart 1982

Koubek, Norbert/Küller, Hans-Detlef/Scheibe-Lange, Ingrid (Hg.): Betriebswirtschaftliche Probleme der Mitbestimmung, Köln 1980

Kreiß, Christian: Geplanter Verschleiß, Wien – Berlin – München 2014

Kreiß, Christian: Profitwahn. Warum sich eine menschengerechtere Wirtschaft lohnt, Marburg 2013

Kreiß, Christian: Sozialer Krebs und 70-Jährige Krisenzyklen. Warum es immer wieder zu Finanz- und Wirtschaftskrisen kommt – solange wir nichts ändern. In: Ein Nachrichtenblatt. Für Mitglieder der Allgemeinen Anthroposophischen Gesellschaft, 5. Jg., Nr. 7 vom 5.4.(2015), S. 1 - 2

Kück, Marlene: Betriebswirtschaft der Kooperative, Stuttgart 1989

Kück, Marlene: Finanzierungshemmnisse bei selbstverwalteten Betrieben. In: Berg, Manfred/ Kück, Marlene/ Makowski, Michael (Hg.): Alternative Finanzierungskonzepte. Bestandsaufnahme – Konflikte – Modelle – Perspektiven, Berlin 1986 S. 21

Kugler, Walter: Selbstverwaltung als Gestaltungsprinzip eines zukunftsorientierten Schulwesens, Dissertation, Stuttgart 1981

Kühn, Hans: Dreigliederungs-Zeit. Rudolf Steiners Kampf für die Gesellschaftsordnung der Zukunft, Dornach 1978

Kühr, Christian: Steuerhandbuch für Vereine und Verbände, Neuwied – Frankfurt a.M. 1991

Küpper, Willi/Ortmann, Günther (Hg.): Mikropolitik. Rationalität, Macht und Spiele in Organisationen, Opladen 1988

Latrille, Wolfgang: Assoziative Wirtschaft, Stuttgart 1985

Leber, Stefan (Hg.): Die wirtschaftlichen Assoziationen. Beiträge zur Brüderlichkeit im Wirtschaftsleben, Stuttgart 1987

Leber, Stefan (Hg.): Eigentum. Die Frage nach der Sozialbindung des Eigentums an Boden und Unternehmen, Stuttgart 2000

Leber, Stefan: Die Sozialgestalt der Waldorfschule. Ein Beitrag zu den sozialwissenschaftlichen Anschauungen Rudolf Steiners, Frankfurt a.M. 1984

Leber, Stefan: Selbstverwirklichung, Mündigkeit, Sozialität. Eine Einführung in die Idee der Dreigliederung des sozialen Organismus, Frankfurt a.M. 1982

Leichert, Ekkehard: Betriebliche Planung, Wiesbaden 1994

Lessacher, Eva: Kritische Betrachtung des Oppenheimerschen Transformationsgesetzes. In: RICC – research report 2 (2013)

Limbacher, Max V.: Projekt Anthroposophie, Reinbek b. Hamburg 1986

Linnenbrügger, Torsten: Regionale Kooperationen. Netzwerke und Cluster, GRIN, München 2006

Löbl, Eugen: Geistige Arbeit – Die wahre Quelle des Reichtums, Wien – Düsseldorf 1968

Löbl, Eugen: Wirtschaft am Wendepunkt, Köln – Achberg 1975

Löhr, Dirk: Wie eine „unsichtbare Hand" nach der „Allmende" greift – Eine Kritik der Property-Rights-Theorie. In: Zeitschrift für Sozialökonomie Nr. 155 (2007), S. 12 – 30

Mai, Manfred (Hg.): Handbuch Innovationen, Wiesbaden 2014

Mankiw, N. Gregory/ Taylor, Mark P.: Grundzüge der Volkswirtschaftslehre, Stuttgart 2008

Marburger Arbeitskreis für Sozialrecht und Sozialpolitik (Hrsg.): Maschinensteuer - Ausweg aus der Finanzkrise der Sozialversicherung?. Interdisziplinäre Fachtagung 21. und 22. April 1983 Philipps-Universität Marburg, Köln - Berlin - Bonn - München 1984

Atteslander, Peter: Methoden der empirischen Sozialforschung, Berlin – New York 1995

Martin, Hans-Peter/Schumann, Harald: Die Globalisierungsfalle. Der Angriff auf Demokratie und Wohlstand, Reinbek b. Hamburg 1996

Mason, Paul: Postkapitalismus. Grundrisse einer kommenden Ökonomie, Berlin 2016

Mayring, Philipp: Qualitative Inhaltsanalyse. Grundlagen und Techniken, Weinheim – Basel 2003

Mettler-Meibom, Barbara: Soziale Kosten in der Informationsgesellschaft, Frankfurt a.M. 1987

Meuser, Michael/Nagel, Ulrike: Experteninterview. In: Bohnsack, Ralf/Marotzki, Winfried/Meuser, Michael: Hauptbegriffe Qualitativer Sozialforschung, Opladen – Farmington Hills 2006, S. 57 – 58

Müller, Bertram: Philosophen. Deutschsprachige Denker in Einzelporträts, Düsseldorf 2012

Münckner, Hans-H.: Organisiert Euch in Genossenschaften! Anders Wirtschaften für eine bessere Welt, Berlin 2014

Neuling, Matthias: Auf fremden Pfaden. Ein Leitfaden der Rechtsformen für selbstverwaltete Betriebe und Projekte, Dissertation, Berlin 1985

Neuling, Matthias: Rechtsformen, Berlin 1998

Niederhausen, Holger: Zeit der Entscheidung. Die „Finanzkrise" und neue Begriffe für eine grundlegend menschliche Gesellschaft, Teil I: Die Krise, Berlin 2011

Niederhausen, Holger: Zeit der Entscheidung. Die „Finanzkrise" und neue Begriffe für eine grundlegend menschliche Gesellschaft, Teil II: Menschliches Denken, Berlin 2011

Nutzinger, Hans G.: Ernst Abbe als Sozialreformer. In: Klemm, Antje/Knoepffler, Nikolaus (Hg.): Ernst Abbe als Unternehmer und Sozialreformer. Ein Beitrag zur Wirtschaftsethik, München 2007, S. 37 – 58

o.Verf.: Anhang zu: Sik, Ota: Bürokratierung oder Humanisierung?, Achberg 1973, S. I – XV (nach S. 48)

o.Verf: Der grüne Kurs: Wahlplattform des ‚Achberger Kreises' zur Bundestagswahl 80. In: Heidt, Wilfried (Hg.): Abschied vom Wachstumswahn, Achberg 1980, S. 198-199

Oakeshott, Robert: Inspiration & Riality. The First Fifty Years of the Scott Bader Commonwealth, Wilby Hall, Norwich 2001

Osthoff, Katharina: Erosion des klassischen Normalarbeitsverhältnisses. Zukünftige Alternativen vor dem Hintergrund der Globalisierung, GRIN, München 2008

Ott, Franziskus M.: Befristetes Eigentum als Resultat empirischer Rechtsauffassung, Dissertation, Zürich 1977

Pack, Ludwig/Börner, Dietrich: (Hg.): Betriebswirtschaftliche Entscheidungen bei Stagnation, Wiesbaden 1984

Piketty, Thomas: Das Kapital im 21. Jahrhundert, München 2014

Porter, Michael E.: On Competition, Boston 2002

Projekt.Zeitung: 12/(2012): 40 Jahre Neuguss. Festschrift und Glückwünsche

Purpose Stiftung (Hg.): Verantwortungseigentum – Eigentum und Führung im 21. Jahrhundert, Berlin – Basel, o.J.

Raffée, Hans: Grundprobleme der Betriebswirtschaftslehre, Göttingen 1974

Rappmann, Rainer (Hg.): Denker, Künstler, Revolutionäre. Beuys, Dutschke, Schilinski, Schmundt: Vier Leben für Freiheit, Demokratie und Sozialismus, Wangen 1996

Rappmann, Rainer (Hg.): Die Kunst des sozialen Bauens. Beiträge zu Wilhelm Schmundt, Wangen 1993

Rehn, Götz: Modelle der Organisationsentwicklung, Dissertation, Bern – Stuttgart 1979

Reifenhäuser, Irene: Die Arbeiterselbsthilfe (ASH) Frankfurt – ein Betrieb in Selbstverwaltung. In: Bühler, Theo/AGG (Hg.): Wer (A)lternativ sagt, muß auch (B)ewegung sagen, Bonn 1981, S. 79 - 147

Ridder, Hans-Gerd: Personalwirtschaftslehre, Stuttgart 2013

Rifkin, Jeremy: Das Ende der Arbeit und ihre Zukunft, Frankfurt a. M. – New York 1996

Ritter, Wolfgang: Wirtschaft der Liebe. Elemente einer künftigen Wirtschaftsordnung, Borchen 2015

Roberts, Charles C.: Die Gänse des Kapitals oder die Leere der fünf Weisen. In: Kursbuch 69 (1982), S. 107-124

Robinson, Joan: Ökonomische Theorie als Ideologie, Frankfurt a.M. 1980

Saacke, Rudolf: Aktion Dritter Weg. Ein Modellversuch. In: Limbacher, Max V.: Projekt Anthroposophie, Reinbek b. Hamburg 1986, S. 97 – 106

Schmidt, Hans-Jürgen: Betriebswirtschaftslehre und Verwaltungsmanagement, Wien 2009

Schmundt, Wilhelm: Der soziale Organismus in seiner Freiheitsgestalt, Dornach 1977

Schmundt, Wilhelm: Der soziale Organismus und sein Krankheitszustand. In: Derselbe: Zwei Grundprobleme des 20. Jahrhunderts, Freie Volkshochschule Argental, Wangen 1988, S. 49 - 61

Schmundt, Wilhelm: Erkenntnisübungen zur Dreigliederung des sozialen Organismus. Durch Revolution der Begriffe zur Evolution der Gesellschaft, Achberg 1982

Schmundt, Wilhelm: Zeitgemäße Wirtschaftsgesetze, Achberg 1975

Schneider, Ursula: Das Nachfolgeproblem als Familiendrama. In: Kappler, Ekkehard/Laske, Stephan (Hg.): Blickwechsel. Zur Dramatik und Dramaturgie von Nachfolgeprozessen im Familienbetrieb, Freiburg i.Br. 1990, S. 71 - 84

Scholz, Hans-Gunther/Heinen, Hans-Peter/Hagemann, Friedhelm: Volkswirtschaftslehre – Grundzüge und Probleme der Volkswirtschaft, Köln 1975

Schreyögg, Georg: Unternehmensstrategie, Berlin 1984

Schulz-Nieswandt, Frank: Sozialpolitik und Alter, Stuttgart 2006

Schumacher, E.F.: Das Ende unserer Epoche, Reinbek bei Hamburg 1980

Schumacher, E.F.: Die Rückkehr zum menschlichen Maß, Reinbek bei Hamburg 1980

Schweppenhäuser, Hans Georg: Arbeit Lohn und Preis in ihrem Zusammenhang, Dornach 1984

Schweppenhäuser, Hans Georg: Das kranke Geld. Vorschläge für eine soziale Geldordnung von morgen, Frankfurt a.M. 1982
Schweppenhäuser, Hans Georg: Das soziale Rätsel in den Wandlungen der Individuen und der Gesellschaften der Neuzeit, Dornach 1985
Schweppenhäuser, Hans-Georg: Das Eigentum an den Produktionsmitteln, Berlin 1963
Schweppenhäuser, Hans-Georg: Macht des Eigentums, Stuttgart 1970
Schwietring, Thomas: Was ist Gesellschaft?, Konstanz – München 2011
Sievers, Burkard (Hg.): Organisationsentwicklung als Problem, Stuttgart 1977
Sik, Ota: Bürokratisierung oder Humanisierung?, Achberg 1973
Sik, Ota: Ein Gefühl starker Zusammengehörigkeit. Achberger Episode. In: Brüll, Ramon/Rappmann, Rainer (Hg.): Freiheit, Gleichheit, Brüderlichkeit?, Achberg – Frankfurt a.M. 2016, S. 143 – 144
Sik, Ota: Ein Wirtschaftssystem der Zukunft, Berlin – Heidelberg – New York – Tokio 1985
Sik, Ota: Humane Wirtschaftsdemokratie. Ein dritter Weg, Hamburg 1979
Sik, Ota: Wirtschaftssysteme. Vergleiche – Theorie – Kritik, Berlin – Heidelberg 1987
Sloterdijk, Peter: Im Weltinnenraum des Kapitals, Frankfurt a.M. 2005
Spitta, Dietrich: Die Problematik des Privateigentums an Unternehmen. Gesichtspunkte und Ansätze zu seiner Umwandlung. In: Leber, Stefan (Hg.): Eigentum. Die Frage nach der Sozialbindung des Eigentums an Boden und Unternehmen, Stuttgart 2000, S. 251
Stegmüller, Wolfgang: Rationale Rekonstruktion von Wissenschaft und ihrem Wandel, Stuttgart 1979
Steiner, Rudolf: Die Erziehungsfrage als soziale Frage, GA 296, Dornach 1979
Steiner, Rudolf: Die Geschichte und Überwindung des Imperialismus, Zürich – New York 1946
Steiner, Rudolf: Die Kardinalfrage des Wirtschaftslebens, Dornach 1984
Steiner, Rudolf: Die Kernpunkte der sozialen Frage. Mit einem Nachwort von Otto Schily, Dornach 1996
Steiner, Rudolf: Die Wirklichkeit der höheren Welten, Dornach 1981 (Taschenbuch)
Steiner, Rudolf: Nationalökonomischer Kurs, GA 340, Dornach b. Basel 1979
Steiner, Rudolf: Nationalökonomisches Seminar, GA 341, Dornach b. Basel 1986
Steiner, Rudolf: Soziale Zukunft, Dornach 1981 (Taschenbuch)

Steiner, Rudolf: Staatspolitik und Menschheitspolitik. Aufsätze über die Dreigliederung des sozialen Organismus, Dornach 1988 (Taschenbuch)

Steiner, Rudolf: Wirtschaft – Ideen zur Neugestaltung, herausgegeben von Götz E. Rehn, Stuttgart 2011

Strawe, Christoph: Marxismus und Anthroposophie, Habilitationsschrift, Stuttgart 1986

Strawe, Christoph: Sozialimpulse. Zu Entstehungsbedingungen und Wirkungsgeschichte des Arbeitsansatzes der Dreigliederung des sozialen Organismus. In: Uhlenhoff, Rahel (Hg.): Anthroposophie in Geschichte und Gegenwart, Berlin 2011, S. 649 - 704

Streeck, Wolfgang: Gekaufte Zeit. Die vertagte Krise des demokratischen Kapitalismus, Berlin 2015

Szyperski, Norbert/Winand, Udo: Grundbegriffe der Unternehmensplanung, Stuttgart 1980

Thielemann, Ulrich: Integrative Ethik als kritische Theorie des Wirtschaftens. Die Unmöglichkeit der Wertfreiheit der Ökonomie als Ausgangspunkt der Wirtschaftsethik. In: Breuer, Markus/Brink, Alexander/Schumann, Olaf J. (Hg): Wirtschaftsethik als kritische Sozialwissenschaft, Bern – Stuttgart 2003, S. 89 - 115

Ulrich, Peter/Fluri, Edgar: Management. Eine konzentrierte Einführung, Bern – Stuttgart 1984

Ulrich, Peter: Die Großunternehmung als quasi-öffentliche Institution, Dissertation, Stuttgart 1977

Ulrich, Peter: Die Transformation der ökonomischen Vernunft, Habilitationsschrift, Bern – Stuttgart 1986

Ulrich, Peter: Zivilisierte Marktwirtschaft. Eine wirtschaftsethische Orientierung, Bern – Stuttgart – Wien 2010

Unsinn, Sebastian: Die Utopie der Unternehmung. Kritik des Unvorstellbaren, München – Mering 1997

Vogt, Winfried: Ethik und Arbeit: Selbstbestimmung in der Ökonomie?, In: Matthiessen, Christian: Ökonomie und Ethik. Moral des Marktes oder Kritik der reinen ökonomischen Vernunft, Freiburg i.Br. 1990, S. 43 - 59

Voigt-Weber, Lore: Inklusive Organisationen. Genese, Struktur, Chancen selbstverwalteter Betriebe, Wiesbaden 1993

von Canal, Georg F.: Geisteswissenschaft und Ökonomie. Mit einem Vorwort von Prof. Hans Binswanger, Schaffhausen 1992

von Foerster, Heinz: Das Konstruieren einer Wirklichkeit. In: Watzlawick, Paul (Hg.): Die erfundene Wirklichkeit, München 2006, S. 39-60

von Rosenstiel, Lutz: Grundlagen der Organisationspsychologie, Stuttgart 1987

Wächter, Hartmut: Einführung in das Personalwesen, Herne – Berlin 1979

Wächter, Hartmut: Möglichkeiten und Grenzen der Wirtschaftsdemokratie: Der Fall Hoppmann. In: Zeitschrift für Personalforschung (ZfP), 1 (2010), 24. Jg., S. 7 – 28

Wagenknecht, Sahra: Freiheit statt Kapitalismus. Über vergessene Ideale, die Eurokrise und unsere Zukunft, Frankfurt a. M. 2012

Wagenknecht, Sahra: Reichtum ohne Gier. Wie wir uns vor dem Kapitalismus retten, Frankfurt a.M. 2016

52

Waldner, Wolfgang: Trugschlüsse der Volkswirtschaftslehre. Wie Professoren mit Modellen Studenten indoktrinieren und eine krisenverschärfende Wirtschaftspolitik fördern, BOD, Norderstedt 2011

Wallraff, Günter: Ganz unten, Köln 1985

Watzlawick, Paul (Hg.): Die erfundene Wirklichkeit, München 2006

Watzlawick, Paul/Weakland, John H./Fisch, Richard: Lösungen. Zur Theorie und Praxis menschlichen Wandels, Bern – Stuttgart – Wien 1975

Watzlawick, Paul: Wie wirklich ist die Wirklichkeit?, München – Zürich 2014

Welteke-Fabricius, Uwe: Partnerschaftliche Unternehmenskooperation als Erfolgsstrategie in hochkonzentrierten Märkten in: Flieger, Burghard/ Nicolaisen, Bernd/ Schwendter, Rolf (Hg.): Gemeinsam mehr erreichen. Kooperation und Vernetzung alternativ ökonomischer Betriebe und Projekte, Bonn – München 1995, S. 360-372

Westerlund, Gunnar/Sjöstrand, Sven-Erik: Organisationsmythen, Stuttgart 1981

Wiedemann, Carolin: Nichts weniger als Gerechtigkeit. In: Das Magazin der Grünen, 2 (2016), S. 6 – 19

Wilken, Folkert: Das Kapital und die Zukunft. Die assoziative Bedarfsdeckungswirtschaft, Schaffhausen 1981

Wilken, Folkert: Das Kapital. Sein Wesen – seine Geschichte – und sein Wirken im 20. Jahrhundert, Schaffhausen 1976

Wilken, Folkert: Die Befreiung der Arbeit, Freiburg i.Br. 1965

Wilken, Folkert: Die Entmachtung des Kapitals durch neue Eigentumsformen, Freiburg i.Br. 1959

Wilken, Folkert: Selbstgestaltung der Wirtschaft, Freiburg i. Br. 1949

Witzenmann, Herbert: Strukturphänomenologie, Dornach 1983

Wöhe, Günter/Döring, Ulrich: Einführung in die Allgemeine Betriebswirtschaftslehre, München 2008

Zeichen der Zeit I: Arbeitslosigkeit, Stuttgart 1984

Zeitschrift DIE DREI 2 (2007): Die Zähmung des Geldes. Aufgaben einer modernen Kapitalwirtschaft

Zerche, Jürgen/Schmale, Ingrid/Bloom-Drees, Johannes: Einführung in die Genossenschaftslehre. Genossenschaftstheorie und Genossenschaftsmanagement, München – Wien 1998

Zinn, Karl Georg: Arbeit, Konsum, Akkumulation, Hamburg 1986

Zinn, Karl Georg: Makroökonomie. Einführung in die Einkommens- und Beschäftigungstheorie (Allgemeine Volkswirtschaftslehre III), Aachen 1993

Zinn, Karl Georg: Vom Kapitalismus ohne Wachstum zur Marktwirtschaft ohne Kapitalismus, Hamburg 2015

Zinn, Karl Georg: Wie Reichtum Armut schafft. Verschwendung, Arbeitslosigkeit und Mangel, Köln 2002

Autobiographische Notiz:

Michael Heinen-Anders wurde am 25.02.1960 in Köln geboren. Er studierte an der Bergischen Universität Wuppertal Wirtschafts- und Sozialwissenschaften.
1989 schloss er das Studium als Diplom-Ökonom ab.
Michael Heinen-Anders trat 1994 der
Anthroposophischen Gesellschaft, Zweig Köln, bei.
Seit 2011 ist er gleichfalls Mitglied der Freien Hochschule für Geisteswissenschaft.
Er veröffentlichte zahlreiche literarische, essayistische und wissenschaftliche Schriften, darunter „Aus anthroposophischen Zusammenhängen", BoD, Norderstedt 2010 und „Aus anthroposophischen Zusammenhängen Band II", BoD, Norderstedt 2018.
Michael Heinen-Anders lebt in Köln, ist geschieden und hat zwei erwachsene Töchter.